Linda O'Bryan/Hans Zaglitsch

# Genußradeln rund um den Neusiedler See mit Südburgenland

Steiger-Radführer

Linda O'Bryan/Hans Zaglitsch

# Genußradeln
## rund um den
# Neusiedler See
## mit Südburgenland

60 Farbabbildungen,
30 Tourenkarten
und eine Übersichtskarte

STEIGER VERLAG

Die Autoren:
*Hans Zaglitsch* ist gebürtiger Burgenländer und kennt die Region um den Neusiedler See wie seine Westentasche. Auf den Radwegen dieser Region ist er seit vielen Jahren unterwegs. *Linda O'Bryan* und er haben gemeinsam zahlreiche Reiseführer und Handbücher für Aktivurlauber veröffentlicht. Für diesen Band haben die beiden die schönsten und kulturhistorisch interessantesten Routen aktuell zusammengestellt und fotografiert.

Die Deutsche Bibliothek - CIP-Einheitsaufnahme

**O'Bryan, Linda:**
Genussradeln rund um den Neusiedler See mit Südburgenland / Linda O'Bryan, Hans Zaglitsch. - Augsburg : Steiger, 1997
(Steiger-Radführer)
ISBN 3-89652-065-2

Alle Informationen und Hinweise ohne jede Gewähr und Haftung.



Gedruckt auf chlorfrei gebleichtem Papier.

**Steiger Verlag**

Konzeption: Dr. Petra Altmann
Lektorat: Frank Heins
Kartenskizzen: Ingenieurbüro für Kartographie Heidi Schmalfuß, München
Layoutentwurf: VerlagsService Dr. Helmut Neuberger & Karl Schaumann, Heimstetten
Satz, Layout und Reproduktion: Typework Layoutsatz und Grafik GmbH, Augsburg
Druck und Bindung: Appl, Wemding

Einbandvorderseite: Segelboote auf dem Neusiedler See bei Rust (Foto: Ernst Wrba, Sulzbach).
Einbandrückseite: Apetlon, Dorfteich Rust (Foto: Ernst Wrba, Sulzbach).
Seite 1: Martinskirche in Donnerskirchen.
Seite 2/3: Originaler Ziehbrunnen im Seewinkel.
Soweit nicht anders angegeben, stammen alle Fotos von Hans Zaglitsch.

Printed in Germany

ISBN 3-89652-065-2

# Inhalt

= für Kinder besonders geeignete Touren

WIEN
SLOWA-
KEI
Bratislava
Nussdorf
Grinzing
Hadersdorf
Hütteldorf
Preßbaum
Wienerwald
A1
Leopoldsdorf
i. Marchf.
Marchfeld
Großenzersdorf
Engelhartstetten
A4
Neustift
Breitenfurth
Perchtoldsdorf
Orth
a. d. D.
Hainburg
Laaben
Donau
Maria Ellend
Bad
Deutsch-Altenburg
Petronell
Kittsee
Mödling
A21
Fischamend
Markt
Heiligenkreuz
Guntramsdorf
Laxenburg
Rohrau
Deutsch-
Haslau
Altenmarkt
a. d. Tr.
Baden
Bruck
a. d. Leitha
Leitha
6
Hoheneck
1036
Traiskirchen
Götzendorf
a. d. Leitha
Bad Vöslau
A2
Parndorf
5
Mannersdorf
a. d. Leitha
Berndorf
NIEDERÖSTERREICH
Ebreichsdorf
Breitenbrunn
Neusiedl
a. See
Nickelsdorf
Leobersdorf
4
Pernitz
Leithagebirge
Purbach
Weiden
a. See
Sollenau
Hornstein
Donnerskirchen
Mönchhof
Markt Piesting
Ebenfurth
Neufelder
See
11
Neu-
siedler
See
Eisenstadt
Schützen
a. Geb.
Podersdorf
a. See
7
Wiener
Neustadt
13
9
Frauenkirchen
Weikersdorf
Steinbrunn
14
Sauerbrunn
12
Seewinkel
St. Margarethen
i. Bgld
1
St. Andrä
18
3
Wiesen
Wulka-
prodersdorf
Illmitz
10
Neunkirchen
16
Andau
Rosaliengeb.
Mörbisch
8
Mattersburg
Schattendorf
Apetlon
Wallern
i. Bgld
Gloggnitz
17
15
Fertörákos
Leitha
Sopron
Pamhagen
19
Ödenburger Geb.
Balf
BURGENLAND
Kobersdorf
2
20
Fertöd
Deutsch-
kreutz
Aspang
22
UNGARN
Hochwechsel
1738
Stoober
21
Kirchschlag
Stoob
Ober-
pullendorf
STEIERMARK
Lutzmannsburg
Bernstein
Rattersdorf
Pinkafeld
23
Bük
Rába
25
Günser Geb.
Köszeg
Bad
Tatzmannsdorf
Stadt-
schlaining
Hartberg
Oberwart
24
Rechnitz
Wolfau
26
Pinka
Burg
Sárvár
Szombathely
Burgau
Safen
Feistritz
Strem
Deutsch-
Schützen
30
Rohrbrunn
St. Michael
Rum
Güssing
Moschendorf
28
Fürstenfeld
27
Jánosháza
Vasvár
Rába
Heiligenkreuz
i. Lafnitztal
Heiligenbrunn
Körmend
29
Raab
N
0
10km

# Einführung

## Radland Burgenland

Die Region um den Neusiedler See gehört zu Österreichs Feriengebieten par excellence und ist schon lange ein Begriff bei den Radfahrern. Ihre ebene Landschaft bietet die besten Voraussetzungen zum Genußradeln, und ihre Infrastruktur läßt kaum Wünsche offen. Die Radwege verlaufen größtenteils auf Güterwegen und verkehrsarmen Landstraßen und sind lückenlos ausgeschildert. Im touristisch weniger bekannten Südburgenland arbeitet man noch an der Erweiterung und der Beschilderung der Radwege.
Im vorhandenen Radwegenetz haben wir 30 Genußtouren zusammengestellt. Nicht die Kilometerleistung steht dabei im Vordergrund, sondern das Erleben und Genießen der landschaftlichen und kulturellen Vielfalt des Burgenlandes auf sicheren und wenig kräfteraubenden Radwegen.
Die Seeregion bildet den Schwerpunkt dieses Radführers, der mit acht Touren durch die waldreiche Hügel- und Terrassenlandschaft im Südburgenland ergänzt wird. Unterwegs kommen Sie an stilvollen Haubenlokalen, urigen Weinschenken und gemütlichen Gasthöfen vorbei, in denen ein wenig Ungarn und ein bißchen Böhmen zur pannonischen Küche vermischt wird. Zu den regionalen Spezialitäten gehört natürlich ein Glas burgenländischer Rot- oder Weißwein.
Unser Genußradführer bietet Ihnen Informationen zu den wichtigsten Sehenswürdigkeiten, den Landschaften, den Regionen und den Ortschaften entlang der 30 Touren. Jede Tour hat einen Vor- und einen Nachspann mit Vorschlägen zum Einkehren und zum Übernachten sowie mit praktischen Tips rund ums Radfahren. Auch die jüngsten Radler haben wir nicht vergessen. Für sie wurden speziell fünf kinderfreundliche Touren ausgesucht, die mit einem  gekennzeichnet sind.

## Die Radwanderlandschaft

Zwei Drittel unserer Genußtouren befinden sich um den Neusiedler See, der mit einer Wasseroberfläche von 300 Quadratkilometern und einer durchschnittlichen Tiefe von 1,5 Metern wahrscheinlich das größte »Planschbecken« der Alpenrepublik ist. Mit Sicherheit ist er Europas größter Steppensee und einer der bedeutendsten Nationalparks Österreichs. Sein breiter Schilfgürtel bildet zusammen mit salzhaltigen Seen, den sogenannten Lacken, den optimalen Lebensraum für seltene Pflanzen und Tiere. Bereits in den 20er Jahren wurden die ersten Gebiete am Ostufer des Sees unter Naturschutz gestellt. Die Bemühungen der Naturliebhaber erhielten im Jahr 1993 die Krönung mit der Gründung des 14 000 Hektar großen Nationalparks Neusiedler See – Seewinkel, einem Gemeinschaftsprojekt von Österreich und Ungarn.
Die flache Steppenlandschaft in und um den Nationalpark wird von kleinen, teils periodischen Lacken, Wein- und Obstkulturen, Schilf- und Agrarflächen, attraktiven Badeorten und traditionellen Weinbaugemeinden geprägt. Sie steht im reizvollen Kontrast zu den sanften, von Misch- und Nadelwäldern bedeckten Hügeln und Terrassen im Südburgenland, auf denen sich so manche mitteralterliche Burg erhebt. Diese vielfältigen Landschaften

**Der nahezu ebene und verkehrssichere Neusiedler-See-Radwanderweg ist sehr populär, und die Radtouren auf ihm sind auch für junge Pedalritter ein Vergnügen.**

bieten nahezu alles, was eine Radtour oder einen Radurlaub reizvoll und besonders abwechslungsreich macht – und das vom Frühling bis in den Herbst. Das warme pannonische Klima mit circa 300 Sonnenstunden pro Jahr trägt seines dazu bei und läßt nicht nur exzellenten Wein im ganzen Burgenland gedeihen, sondern auch das Radlerherz höher schlagen.

## Historischer Rückblick

Das Burgenland, Österreichs jüngstes und östlichstes Bundesland, bildete stets ein Streitobjekt zwischen österreichischen bzw. deutschen und ungarischen Dynastien. Um ihre machtpolitischen Interessen zu sichern, erbauten die Adelsfamilien quer durch das Land eine außergewöhnlich hohe Anzahl von Burgen. Zwei Fürstenhäuser traten besonders hervor und prägten wie keine andere Dynastie die Geschichte des Landes: die ungarischen Adelsgeschlechter Esterházy und Batthyány. Die Esterházys drückten ab dem 16. Jahrhundert ihren Stempel vorwiegend der Gegend um den Neusiedler See auf, während die Batthyánys zur gleichen Zeit im Süden dominierten. Unterwegs werden Sie bei Burgen, Schlössern, Kirchen und sogar bei Einkehrmöglichkeiten immer wieder auf diese beiden Namen treffen.

Die ständigen Konfrontationen im Burgenland zwischen West- und Osteuropa erreichten einen dramatischen Tiefpunkt während der Türkenkriege im 16. und 17. Jahrhundert. Die Zerissenheit des Burgenlandes spiegelte sich in den streitenden Parteien wider: Die Esterházys verbündeten sich mit den Habsburgern, während die Batthyánys sowie die Freistädte Rust und Eisenstadt sich den Bal-

**Im historischen Römersteinbruch von Sankt Margarethen stehen überdimensionale moderne Sandstein-Skulpturen.**

kanvölkern anschlossen. Verwüstungen, Auswanderungen und Wirtschaftskrisen waren die Folgen und zwangen die Herrscher, neue Arbeitskräfte anzulocken. Vor allem Juden und Kroaten folgten diesem Ruf und siedelten sich im Burgenland an. In der zweiten Hälfte des 19. Jahrhunderts kam das Burgenland zur ungarischen Monarchie. Den Blick nun nach Osten gerichtet, ging die westliche Industrialisierung und damit der wirtschaftliche Auf-

**Im Südburgenland zieht unter anderem das Lafnitztal die Radler an. Auf gut ausgebauten Radwegen läßt sich dieses landschaftlich reizvolle Tal leicht erkunden.**

schwung am Land vorbei. Viele Bewohner mußten notgezwungen eine neue Existenz aufbauen und versuchten sogar in Amerika ihr Glück. Erst in den letzten Jahrzehnten hat sich die Industrie vor allem im Norden des Bundeslandes angesiedelt. Seitdem blüht das von Landwirtschaft geprägte »Stiefkind« Österreichs auf.

Nach dem Zerfall der Doppelmonarchie am Ende des Ersten Weltkrieges schloß sich das Burgenland Österreich an. Die Bevölkerung der damaligen Landeshauptstadt Ödenburg (Sopron) sprach sich in einem sehr umstrittenen Referendum für Ungarn aus. Ein Band zwischen den Nachbarn ist jedoch erhalten geblieben. Zehntausende Flüchtlinge fanden während des ungarischen Volksaufstandes 1956 und nach dem Fall des »Eisernen Vorhanges« 1990 eine neue Existenz im Burgenland. Die Österreicher profitieren dagegen von den günstigen Einkaufsmöglichkeiten und den niedrigen Lohnkosten in Ungarn. Das Burgenland bildet seit dem EU-Beitritt Österreichs die Außengrenze der »Festung Europa«. Seine fast traditionelle, historische Lage am Rande von Ost und West wird sich erst mit der EU-Mitgliedschaft von Ungarn endgültig ändern.

# Um den Neusiedler See

## 1 Entlang dem Ostufer

*Podersdorf – Illmitz – Apetlon – Pamhagen*

**Ausgangsort**
Schiffsanlegestelle Podersdorf. Anreise mit der Fähre von Breitenbrunn oder Rust oder mit dem (Rad-)Bus von fast allen Orten am Neusiedler See.

**Zielpunkt**
Bahnhof Pamhagen. Zurück mit der Bahn bis Frauenkirchen und von dort weiter mit dem Rad (circa 9 km).

**Gesamttourenlänge**
23 km. Bis auf circa 5 km alles asphaltiert.

**Zeitbedarf**
2 Stunden Radeln, 1,5 Stunden Besichtigen.

**Etappen**
Podersdorf – Illmitz: 11 km; Illmitz – Pamhagen: 12 km.

**Steigungen**
10 Höhenmeter.

**Geländestruktur**
Ebene Uferregion mit Schilfgürtel, Naturschutzgebieten, Lacken, Agrarflächen und sehr geringer Bebauung.

**Sehenswertes**
*Podersdorf*: Turmmühle; Giebelhäuser. *Illmitz*: Bewahrungszone Illmitz-Hölle; Bartholomäus-Kirche. *Apetlon*: Giebelhäuser und strohgedeckte Scheunen. *Pamhagen*: Steppentierpark; Türkenturm.

**Günstigste Jahreszeit**
Mai bis September.

**Zu beachten**
Radbus- und Fährzeiten (siehe unter »Informationen für Radwanderer«).

**Varianten**
Das Güterstraßen- und Radwegenetz ermöglicht viele Varianten.

**Eignung für Kinder**
Für Kinder besonders geeignete Tour.

Rund um den 300 Quadratkilometer großen **Neusiedler See** wurde auf verkehrsarmen Güter- und Landstraßen der ***Neusiedler-See-Radwanderweg B10*** angelegt. Er ist circa 120 Kilometer lang, nahezu lückenlos ausgeschildert und verläuft zu einem Drittel durch ***Ungarn*** (siehe Tour 2). Unterwegs wird Ihnen die Sicht auf den See vom bis zu 3 Kilometer breiten Schilfgürtel meistens entzogen. Dafür durchqueren Sie teils unter Naturschutz gestellte Landschaften, in denen Sie vorwiegend Wasservögel und seltene Pflanzenarten bewundern können. Informationstafeln vermitteln Ihnen dabei Wissenswertes über die Landschaften und ihre gefiederten Bewohner. Entlang der Route liegen verträumte Weinbau- und Bauerngemeinden mit sehenswerten Kulturdenkmälern, typischen Streck- und Hakenhöfen sowie gemütlichen Heurigenschenken und Gasthöfen, in denen pannonische Speisen und hervorragend gekelterte Weine Ihren Gaumen verwöhnen.
Natur, Kultur und Kulinarisches erwarten Sie also bei der Seeumrundung, die von uns in vier Touren aufgeteilt ist. Außer dem Abschnitt auf ungarischem Boden eignen sich alle Touren um den See zum Genußradeln mit Kindern. Unsere erste Tour beginnt in **Podersdorf**, das als einziger Ort direkt am See und in einer schilffreien Zone liegt. Dank dieser Lage hat sich ***Podersdorf*** vom kleinen Bauerndorf zum populärsten Urlaubsziel am See entwickelt. An die Vergangenheit erinnern noch einige sehenswerte ***Giebelhäuser*** aus dem 19. Jahrhundert und strohgedeckte ***Scheunen***. Zahlreiche Unterkünfte und Restaurants sowie ein großes Angebot an Sport- und Freizeitmöglichkeiten

In der weiten, fast baumlosen Steppenlandschaft des Seewinkels erinnern alte Ziehbrunnen an die Zeit, als noch Hirten mit Rinderherden dieses Gebiet durchstreiften.

zeigen dagegen die Auswüchse des modernen Tourismus auf. Von der *Schiffsanlegestelle* schieben Sie das Rad einige Meter bis zur Rotunde. Sie treffen hier auf den **Neusiedler-See-Radwanderweg B10**, dem Sie nach rechts durch die

**In den Häfen der Badeorte liegen zahlreiche private Segeljachten vor Anker. Segeln ist neben Radeln die populärste Freizeitbeschäftigung am Neusiedler See.**

*Campingstraße* folgen. Kaum richtig in die Pedale getreten, leitet Sie der Wegweiser B10 nach links in das Zentrum hinein, dann nach rechts aus dem Ort und am *Georgshof* (Reitzentrum) vorbei zum Seeufer zurück. Sie können auf der *Campingstraße* auch geradeaus weiterradeln und treffen nach circa 2 Kilometern auf die *Radwanderwege B10* und *B20* (Lackenradweg). Bei dieser Variante versäumen Sie aber die alte **Turmmühle** am südlichen Ortsrand, das Wahrzeichen des Ortes und eine der letzten Windmühlen in Österreich.
Circa 3 Kilometer weiter, beim *Gasthaus Zur Hölle*, zweigt nach links der *Radweg B10* ab. Er führt über eine Asphaltstraße am Ostufer des **Oberstinkersees**, später am Nationalpark-Informationsbüro entlang nach *Illmitz*, dem nächsten Stopp. Unsere Tour folgt aber geradeaus dem unasphaltierten *Lackenradweg B20* durch die **Bewahrungszone Illmitz-Hölle**, einen rund 1300 Hektar großen Teil des *Nationalparks Neusiedler See – Seewinkel*. Unterwegs radeln Sie am *Alber-*, *Unter-* und *Oberstinkersee* und an der *Zicklacke* vorbei. Sie können dabei von Hochständen aus die einzigartige Vogelwelt beobachten. Je nach Saison wimmelt es in diesem Gebiet von Reihern, Störchen, Enten und Gänsen, während Raubvögel das ganze Jahr hindurch anzutreffen sind.
Am Südzipfel der **Zicklacke** stoßen Sie auf einen Radweg neben der Asphaltstraße. Hier geht es rechts zum *Seemuseum* und zum *Strandbad Illmitz*, von wo aus eine Fähre nach Mörbisch (siehe Tour 3)

übersetzt. Sie biegen nach links ab und radeln nach **Illmitz**, dem zweitgrößten Badeort am Ostufer des Sees, hinein. Außer dem Tourismus sorgt vor allem die Weinproduktion für das Einkommen der Dorfbevölkerung. Die Sorten reichen von spritzigen Rebensäften bis hin zu hochgradigen Prädikatsweinen. Von ihrer Qualität können Sie sich in den Heurigenlokalen überzeugen. Im Ortszentrum erhebt sich die spätbarocke **Bartholomäus-Kirche**. Sie bildet mit *Giebelhäusern* und strohgedeckten *Kreuzscheunen* in der Hauptstraße und der Florianigasse die interessantesten Sehenswürdigkeiten des Ortes.

Sie verlassen *Illmitz* auf der *Hauptstraße* in Richtung Südosten (Wegweiser »Apetlon«) und stoßen am Ortsrand neben der Landstraße wieder auf den *Radweg B10*, dem Sie nun immer geradeaus nach **Apetlon** folgen. Nach der Durchquerung des Ortes radeln Sie auf einer fast kerzengeraden Güterstraße nach *Pamhagen*, dem Tourziel, weiter. Sie passieren unterwegs die **Martentau-** und die **Arbesthaulacke** und überqueren den **Zweierkanal**, wo die österreichisch-ungarische Grenze für eine kurze Zeit unmittelbar neben der Straße verläuft. Soldaten und Gendarmerie sichern hier die Grenze zum Osten und sollen die illegale Einreise in die Europäische Union verhindern.

Kurz vor **Pamhagen** (siehe Tour 2) zweigt nach links der Ortsradwanderweg zum Ferienzentrum Pannonia und zum **Steppentierpark** ab. In diesem weitgehend unberührten Gelände sind in Freigehegen und teils in Käfigen unter anderem Luchse, Wölfe, Vögel, Ungarische Wollschweine, Steppenrinder und -pferde zu bewundern. Durch eine Allee kommen Sie vom Tierpark nach *Pamhagen* zurück, und im Ortszentrum geht es nach rechts zum *Bahnhof*. Falls Sie keine Lust auf den Tierpark haben, radeln Sie einfach geradeaus weiter und biegen nach den Gleisen links zum *Bahnhof* ab.

**Radverleih**
*Podersdorf* (0 21 77): Frankl, Hausgärten, Tel. 22 51; Mike's Verleih, Strandgasse 5, Tel. 24 11; Erwin's Verleih, Neubaugasse 29, Tel. 23 73; Tauber, Strandplatz 1, Tel. 22 04; Hlousek, Campingstraße 18, Tel. 24 52; Waldherr, Hauptstraße 42, Tel. 22 97.

**Übernachtungen unterwegs**
*Illmitz* (0 21 75): Rosenhof (mittel), Florianigasse 1, Tel. 22 32; Pension Unger (preiswert), Bartholomäusgasse 18, Tel. 2 45 15. *Apetlon* (0 21 75): Pension Koppi (preiswert), Obere Akaziengasse 25, Tel. 23 97; Pension Pitzl (preiswert), Neubaugasse 14, Tel. 23 41. *Pamhagen*: Feriendorf Pannonia (gehoben), Storchengasse 1, Tel. (0 21 75) 21 80; Gasthaus Wurzinger (preiswert), Kirchengasse 14, Tel. (0 21 74) 2 56 92. *Podersdorf*: siehe Tour 4.

**Einkehrmöglichkeiten**
*Podersdorf*: Gasthof Seewirt; Café Pannonia; Heuriger Zum »18er«. *Oberstinkersee*: Gasthof Zur Hölle. *Illmitz*: Restaurant Zur Post; Rosenhof. *Apetlon*: Heuriger Thell; Gasthof Weinzettl. *Pamhagen*: Wirtshaus Zum Türkenturm; Heuriger Zum Hofa Toni; Buschenschenke Bleich.

**Öffnungszeiten**
*Podersdorf*: Windmühle, Mai bis September, täglich 17 – 19 Uhr. *Pamhagen*: Steppentierpark, 1. März bis 1. November, täglich von 9 Uhr bis zum Einbruch der Dunkelheit.

**Auskunft**
A-7141 *Podersdorf*: Verkehrsbüro, Hauptstraße 2, Tel. (0 21 77)22 27. A-7142 *Illmitz*: Verkehrsbüro, Obere Hauptstraße 2 – 4, Tel. (0 21 75)23 83; Nationalparkbüro, Tel. (0 21 75)34 42. A-7143 *Apetlon*: Verkehrsamt, Kirchengasse 1a, Tel. (0 21 75) 2 22 00. A-7152 *Pamhagen*: Tourismusinformation, Marktstraße 1, Tel. (0 21 74)20 93.

**Kombinationen**
Mit den Touren 2, 4, 9, 10 und 11 (in Gegenrichtung).

**Landkarten**
»Blatt 78, Rust«, »Blatt 108, Pamhagen« und »Blatt 109, Deutschkreutz«, 1 : 50 000, Karten des Bundesamtes für Eich- und Vermessungswesen.

# 2 Um den Südzipfel des Neusiedler Sees

*Pamhagen – Fertöd – Fertöszéplak – Hegykö – Fertöhomok – Hidegség – Fertöboz – Balf – Fertörákos – Mörbisch*

**Ausgangsort**
Bahnhof Pamhagen. Anreise mit der Bahn von Neusiedl.

**Zielpunkt**
Mörbisch. Zurück mit der Fähre nach Illmitz und von dort weiter mit dem Rad (12 km; siehe Tour 1).

**Gesamttourenlänge**
40 km, alles asphaltiert.

**Zeitbedarf**
4 Stunden Radeln, 2 Stunden Besichtigen.

**Etappen**
Pamhagen – Fertöd: 10 km; Fertöd – Balf: 17 km; Balf – Mörbisch: 13 km.

**Steigungen**
71 Höhenmeter.

**Geländestruktur**
Flache Agrarflächen mit dünner Besiedlung. Sanft gewellte Landschaft mit Dörfern, Schilf- und Agrargebieten.

**Sehenswertes**
*Pamhagen*: Steppentierpark; Türkenturm. *Fertöd*: Schloß Eszterháza. *Fertöszéplak*: Barockkirche; Kalvarienberg; Dorfmuseum. *Hideség*: Dorfkirche. *Fertöboz*: Gloriette. *Balf*: Schloß; Barockkirche. *Fertörákos*: Römersteinbruch; Mithraeum.

**Günstigste Jahreszeit**
Mai bis September.

**Zu beachten**
Tour eignet sich weniger für Kinder. Reisepaß mitnehmen. Fährzeiten ab Mörbisch (siehe S. 125). Öffnungszeiten des Grenzüberganges bei Pamhagen: täglich 6 – 24 Uhr; bei Mörbisch: 1. April bis 31. Mai und 1. Oktober bis 2. November, täglich 8 – 20 Uhr; 1. Juni bis 30. September, täglich 6 – 22 Uhr.

**Varianten**
Von Balf nach Fertörákos über Sopron (um circa 5 km länger).

Seit dem Fall des *Eisernen Vorhanges* im Mai 1990 kann der **Neusiedler See** ohne größere Grenzformalitäten umrundet werden. Bei *Pamhagen*, bzw. bei *Mörbisch* in Gegenrichtung, überschreitet man die Grenze zu *Ungarn*, das fast ein halbes Jahrhundert lang vom kommunistischen System geprägt wurde. Dadurch litt die Infrastruktur in ihrer Entwicklung. Es scheint, als wäre die Zeit in den ungarischen Orten stehengeblieben. Nur langsam erwachen sie aus dem »kommunistischen« Tiefschlaf. In dieser Atmosphäre überraschen denn auch Museen, renovierte Kirchen und Schlösser, die die Tour abwechslungsreich und interessant machen.

Sie verlassen den *Bahnhof Pamhagen* nach rechts und radeln dann links durch die *Bahnstraße* nach **Pamhagen** hinein, das 1268 unter dem Namen *Pomogy* (»Gegend an der Grenze«) erstmals erwähnt wurde. Im Zentrum der knapp 2000 Einwohner zählenden Gemeinde geht es nach links durch die *Triftgasse* zum 2 Kilometer entfernten **Steppentierpark** (siehe Tour 1); nach rechts leitet Sie der *Neusiedler-See-Radwanderweg B10* zur *Hauptstraße*. Sie folgen ihr nach links und radeln am **Türkenturm** (auch Glockenturm) vorbei, der im Auftrag des türkischen Hauptmannes *Mosco Pascha* 1683 erbaut wurde. Am Ende der *Hauptstraße* biegen Sie nach rechts zur 500 Meter entfernten *Grenze* ab, die vom fast kerzengeraden **Einserkanal** (Hansági föcsatorna) gebildet wird. Er ist der Hauptkanal eines ausgedehnten Entwässerungssystems, das im Auftrag des Fürsten Esterházy am Ende des 19. Jahrhunderts zur Trockenlegung des Sumpfgebietes angelegt wurde.

In **Ungarn** folgen Sie stets den blauen *Radwegtafeln B10*, die Sie um den Südzipfel des Sees zum Grenzübergang nahe

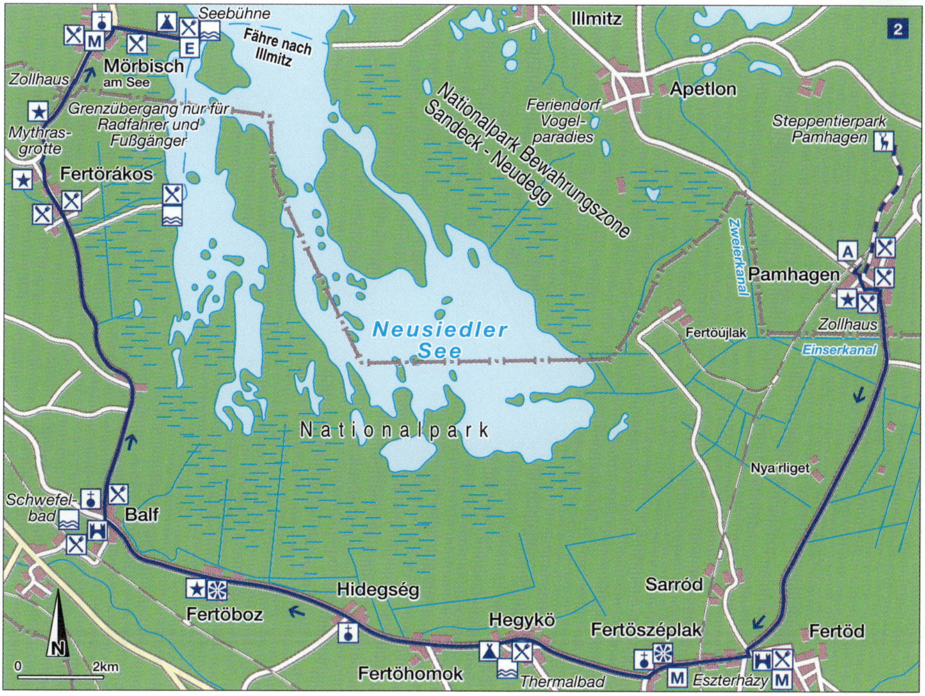


**Denkmalgeschützte malerische Streckhöfe und Hofgassen sind die Wahrzeichen des Bade- und Weinbauortes Mörbisch.**

**Regelmäßig wird das Schilf am Neusiedler See geschnitten, zusammengebunden und in das In- und Ausland transportiert, wo es als Dachbedeckung verwendet wird.**

*Fertörákos* leiten. Die ersten Kilometer verlaufen dabei fernab vom *Neusiedler See*, durch eine vegetationsarme Steppenlandschaft und auf einer stark befahrenen Straße. Ein Radweg ist in diesem Abschnitt geplant. Circa 9 Kilometer nach dem Grenzübergang erreichen Sie **Fertöd**, dessen Name – wie bei den meisten ungarischen Orten entlang dieser Tour – mit *Fertö-tó* (Neusiedler See) in Verbindung steht. Direkt am Radweg in *Fertöd* liegt das hufeisenförmige **Schloß Esterháza** von 1720. Es ist das Glanzstück des Ortes und wird gerne als das »ungarische Versailles« bezeichnet. Ursprünglich wurde es als Jagdschloß konzipiert. Fürst *Miklós Esterházy* ließ es vierzig Jahre später nach dem Vorbild des französischen Versailles umbauen und unter anderem mit prachtvollen Barocksälen und einem weitläufigen Landschaftspark ausstatten. Dank *Joseph Haydn*, dem Hofmusiker der Esterházys, entwickelte sich das beeindruckende Schloß zum musikalischen Zentrum des Doppelmonarchie-Adels. Eine permanente Ausstellung erinnert an diesen berühmten Komponisten.
In *Fertöd* liegt die stark befahrene Strecke hinter Ihnen. Von nun an radeln Sie auf einer verkehrsarmen, oft mit einer holpri-

gen Asphaltdecke ausgestatteten Landstraße weiter. In **Fertöszéplak** lohnt es sich, einen Blick in das *Dorfmuseum* und in die barocke, zweitürmige *Pfarrkirche* zu werfen, die bereits von weitem sichtbar ist. Je näher Sie *Balf* kommen, desto näher rückt auch der Schilfgürtel des *Neusiedler Sees* an die Route heran. Über **Hegykö** (Thermalbad) und **Fertöhomok** erreichen Sie **Hidegség**. Hier erhebt sich auf einem Hügel die *Dorfkirche* mit sehenswerten Fresken aus dem 12. Jahrhundert. Einige Kilometer nach **Fertöboz**, wo die klassizistische *Gloriette* (1801) von kulturhistorischer Bedeutung ist, erreichen Sie **Balf**, einen der ältesten Kurorte Ungarns. Schon die Römer kannten die Heilwirkung der Quelle, um die sich am Beginn des 18. Jahrhunderts ein beliebter Kurort entwickelte. Balf hat heute allerdings viel von seinem einstigen Glanz verloren. Zu den Sehenswürdigkeiten des Kurortes zählt die kleine *Dorfkirche* mit spätgotischem Kern, die spätbarocke *Kapelle* im Kurpark und das *Schloß*, in dem heute das Kurhotel untergebracht ist.

Ab *Balf* beginnt ein mit Weingärten, Obsthainen und Agrarflächen überzogener Hügelrücken. Seine Steigungen lassen Sie oft kräftig in die Pedale treten. Dafür werden Sie von den erhöhten Stellen aus mit freier Sicht auf den *Neusiedler See* belohnt. Die landschaftlich sehr reizvolle Strecke endet im alten Winzerstädtchen **Fertörákos**. Hier können Sie die Tour vorzeitig beenden und mit der Fähre von der Schiffsanlegestelle aus nach *Mörbisch*, dem Endpunkt dieser Tour, weiterfahren. Auf jeden Fall sollten Sie aber den **Steinbruch** am Nordrand von *Fertörákos* besuchen. Menschen gruben sich hier seit der Römerzeit tief in das Gestein hinein. Sie schufen dabei imposante Hallen, die heute für kulturelle Veranstaltungen verwendet werden. Vom Steinbruch sind es übrigens nur noch 4,5 Kilometer bis nach *Mörbisch*. Mit dem Rad sind Sie wahrscheinlich schneller als mit der Fähre. Und außerdem treffen Sie direkt an der Grenze auf ein kulturhistorisches Kleinod: das **Mithraeum**, ein römischer, zur Ehre des Gottes Mithras erbauter Steintempel.

**Radverleih**

*Pamhagen* (0 21 74): Shell-Tankstelle, Marktstraße, Tel. 21 94; Verleih Krüger, Schulgasse 36, Tel. 29 68; Feriendorf Pannonia, Storchengasse 1, Tel. (0 21 75)21 80.

**Übernachtungen unterwegs**

Vorwahl in Ungarn: 0 99. *Hidegség*: Panzió Marika (preiswert), Széchenyi üt 5, Tel. 37 60 05. *Balf*: Schloßhotel (gehoben), Fürdöser 1–3, Tel. 31 42 66. *Fertörákos*: Kamilló Penzió (mittel), Fö üt 175, Tel. 35 50 64; Kastélyhotel, Fö üt 153 (preiswert), Tel. 35 51 19. *Pamhagen*: siehe Tour 1. *Mörbisch*: siehe Tour 3.

**Einkehrmöglichkeiten**

*Fertöd*: Schloßrestaurant. *Hidegség*: Restaurant Marika. *Balf*: Restaurant Panorama; Schloßcafé. *Fertörákos*: zahlreiche Einkehrmöglichkeiten entlang der Fö üt. *Pamhagen*: siehe Tour 1. Mörbisch: siehe Tour 3.

**Öffnungszeiten**

*Pamhagen*: Steppentierpark, siehe Tour 1. *Fertöd*: Schloß Eszterháza, Di–So 9–17 Uhr. *Fertöszéplak*: Dorfmuseum, April bis Oktober, Di–So 10–17 Uhr. *Fertörákos*: Mithraeum, April bis Oktober, täglich 10–12 und 13–18 Uhr.

**Auskunft**

*Pamhagen*: siehe Tour 1. H-9494-*Balf*: Kurverwaltung, Fürdöser 1–3, Tel. (0 99)31 42 66. *Mörbisch*: siehe Tour 3. H-9021-*Györ*: Tourismusamt Komitat Györ-Moson-Sopron, Arpád út. 32, Tel. (0 96)31 77 09.

**Kombinationen**

Mit den Touren 1, 3 und 19.

**Landkarten**

Siehe Tour 1. Sopron: siehe Tour 15.

# 3 Entlang dem Westufer

*Mörbisch – Rust – Oggau – Donnerskirchen – Purbach – Breitenbrunn*

**Ausgangsort**
Schiffsanlegestelle Mörbisch. Anreise mit der Fähre von Illmitz oder mit dem (Rad-)Bus von vielen Orten am Neusiedler See.

**Zielpunkt**
Breitenbrunn. Zurück mit der Bahn (Umsteigen in Eisenstadt auf den Bus) oder dem Radbus.

**Gesamttourenlänge**
28 km, alles asphaltiert.

**Zeitbedarf**
3 bis 3,5 Stunden Radeln, 2 Stunden Besichtigen.

**Etappen**
Mörbisch – Rust: 6 km; Rust – Donnerskirchen: 12 km; Donnerskirchen – Breitenbrunn: 10 km.

**Steigungen**
10 Höhenmeter.

**Geländestruktur**
Ebene Uferregion mit breitem Schilfgürtel, ausgedehnten Weingärten und traditionellen Weinbaugemeinden.

**Sehenswertes**
*Mörbisch*: Hofgassen mit Streckhöfen; Heimatmuseum; Seebühne. *Rust*: Märchenwald; Altstadt; Seevogelmuseum. *Donnerskirchen*: siehe Tour 11. *Purbach*: historisches Zentrum; Kellerviertel. *Breitenbrunn*: siehe Tour 4.

**Günstigste Jahreszeit**
Mai bis September.

**Zu beachten**
Radbus- und Fährzeiten; siehe unter »Informationen für Radwanderer«.

**Varianten**
Von Mörbisch nach Rust am Seeufer entlang.

**Eignung für Kinder**
Für Kinder besonders geeignete Tour.

Daß der Weinanbau am Westufer des **Neusiedler Sees** eine große Rolle im Leben der Bevölkerung spielt, zeigen die ausgedehnten Weingärten an den Hängen des ***Ruster Hügellandes*** und am Fuße des ***Leithagebirges***. So weit das Auge reicht, reiht sich dort Rebkultur an Rebkultur. Dazwischen liegen Dörfer voller Atmosphäre mit urigen Heurigenschenken und kulturhistorischen Kleinoden, die die manchmal monotone Radfahrt durch die Rebenlandschaft etwas abwechslungsreicher gestalten.

**Mörbisch**, der Ausgangspunkt dieser Tour, gehört zu den populärsten und attraktivsten Badeorten am See. Das ist nicht zuletzt auf die **Seebühne** zurückzuführen. Jedes Jahr im Sommer strömen Tausende Menschen hierher, um unter freiem Himmel den Operettenklängen zu lauschen. Bei der Anreise mit der Fähre von ***Illmitz*** kommen Sie bereits an der modernen Seebühne vorbei, die nahe der Schiffsanlegestelle teils im Wasser, teils auf dem Land errichtet wurde. Von der Anlegestelle radeln Sie quer durch den Schilfgürtel nach ***Mörbisch*** hinein. Kurz nach den ersten Häusern ignorieren Sie die Radwegtafel nach Rust; es sei denn, daß Sie die ebene Variante entlang des Schilfgürtels unserer »hügeligen«, aber nicht allzu anstrengenden Route vorziehen. Beide Varianten sind als ***Neusiedler-See-Radweg B10*** ausgeschildert und treffen am Ostrand von ***Rust*** wieder aufeinander. Auf jeden Fall sollten Sie zunächst geradeaus durch die ***Seestraße*** bis zur ***Hauptstraße*** weiterfahren, die von malerischen ***Hofgassen*** mit ***Streckhöfen*** gesäumt wird. An der Kreuzung biegen Sie nach links zum **Heimatmuseum** an der ***Hauptstraße 55*** ab, das Ihnen einen Blick hinter die Fassade von einem dieser alten Bauernhöfe ermöglicht.

Vom Museum fahren Sie zur Kreuzung retour, an der unsere Tour nach links wei-

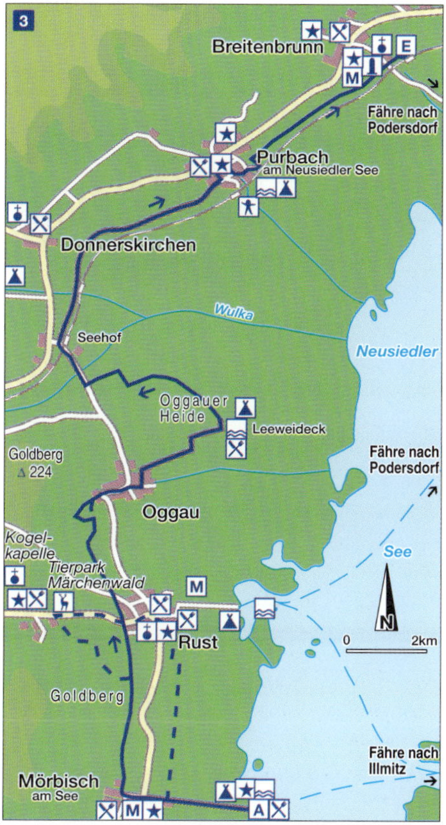


terführt. Kurze Zeit später leitet Sie der Wegweiser nach rechts über eine ansteigende Straße aus dem Ort hinaus. Unterwegs nach ***Rust*** haben Sie freie Sicht auf den See, und falls Sie mit Kindern unterwegs sind, können Sie über sichere Wege einen Abstecher zum **Märchenwald** machen. Dazu biegen Sie circa 2 Kilometer vor Rust nach links in Richtung Sankt Margarethen ab (Wegweiser »W3, K6, K7«). Nach einer 300 Meter langen Schiebestrecke geht es rechts, dann links durch das ***Weingut Vogelsang*** bis an eine T-Kreuzung weiter. Sie biegen hier nach links, an der nächsten Kreuzung nach rechts ab und kommen so an der ***Bundesstraße 52*** genau gegenüber dem **Märchenwald** heraus. In der Fantasiewelt gibt es zusätzlich einen kleinen Zoo und einen kirmesähnlichen Spielpark.
Vom Märchenwald können Sie auf dem gleichen Weg wieder zum ***Radweg B10***

**Beim Radeln mit Kindern sollte der Märchenwald bei Rust nicht ausgelassen werden. Der Vergnügungspark garantiert viel Spaß und Unterhaltung für die jüngsten Pedalritter.**

**Die Altstadt von Rust steht unter Denkmalschutz. Ein Spaziergang führt Sie durch verwinkelte Gassen, entlang hübscher Bürgerhäuser aus dem 16. bis 19. Jahrhundert.**

zurückfahren oder auf der ***Bundesstraße 52*** das Rad nach **Rust** hinunterrollen lassen (Vorsicht!). Am Ortsanfang treffen Sie wieder auf den ***Radweg B10***, der – mit dem Märchenwald im Rücken – nach links in Richtung Breitenbrunn weiterführt. Geradeaus kommen Sie in die malerische **Ruster Altstadt** (Wegweiser »Zum See«). Sie steht vollständig unter Denkmalschutz und wird von historischen Bürgerhäusern (16. bis 19. Jahrhundert), verwinkelten Gassen und Resten der alten Wehrmauer gebildet. Darüber erhebt sich die **Fischerkirche**, das älteste und bedeutendste Gebäude der Altstadt. Ihr Innenraum ist fast zur Gänze mit mittelalterlichen und romanischen Fresken bedeckt.

***Rust*** verdankt sein Image nicht nur den Kulturdenkmälern, sondern auch den Prädikatsweinen und den Störchen. Die Langbeiner nisten jedes Jahr zwischen März und August auf den Schornsteinen und sind aus dem Ortsbild nicht mehr wegzudenken. Das **Vogelmuseum** an der Straße zum See gibt Ihnen einen guten Einblick in das Leben der Adebars und anderer Vogelarten aus dieser Region.

Sie verlassen die »Stadt der Störche« in Richtung Märchenwald (Wegweiser

»Sankt Margarethen«) und biegen am Ortsende nach rechts auf den ***Neusiedler-See-Radweg B10*** ein. Auf ihm radeln Sie nun bis nach ***Breitenbrunn***, dem Tourziel, weiter. Kurz vor **Oggau** können Sie zwischen einer »Bergetappe« an den Hängen des ***Steinerberges*** (links) und einer leicht abfallenden Strecke (geradeaus) wählen. Beide Varianten sind ausgeschildert und kommen am Ortsrand wieder zusammen. Die Wegweiser B10 leiten Sie dann durch den Ort hindurch, danach quer über die *Oggauer Heide* und an **Donnerskirchen** (siehe Tour 11) vorbei nach **Purbach**. Am Ortsbeginn ignorieren Sie den Wegweiser B10. Sie radeln geradeaus durch die ***Satzgasse***, die alte Römerstraße Ödenburg – Carnuntum, weiter. Nachdem Sie das **Rustertor**, ein ehemaliges Stadttor, passiert haben, breitet sich vor Ihnen das verwinkelte Zentrum aus. Den Blickfänger hier bildet die **Nikolauszeche** aus dem 16. Jahrhundert; ein ehemaliges Verwaltungsgebäude mit einer bemerkenswerten Bauform. Heute ist in den historischen Mauern ein Restaurant untergebracht.
Bei einer Besichtigung des kleinen Ortskerns passieren Sie in der ***Hauptstraße***, der ***Kirchen***- und ***Schulgasse*** die Reste der alten Befestigung, historische Häuser und Höfe, an denen Tafeln über die Geschichte der Gebäude erzählen. Am Nordrand des Zentrums liegt das denkmalgeschützte **Kellerviertel** mit uralten Weinkellern, die heute als Heurigenschenken dienen.
Sie verlassen das Zentrum Purbachs durch die ***Kirchengasse*** in Richtung Neusiedler See (Wegweiser »Türkenhain«) und treffen vor den Gleisen wieder auf den ***Radweg B10***, der links nach ***Breitenbrunn*** führt. Nur einen Steinwurf hinter den Gleisen befindet sich eine kleine **Freizeitanlage** mit einem Kinderspielplatz, einer Tretbootvermietung, einem Naturlehrpfad und einem Warmbad, in dem Sie eventuell eine Pause einlegen können, bevor Sie die letzten Kilometer nach **Breitenbrunn** (siehe Tour 4) bewältigen werden.

**Radverleih**
*Mörbisch* (0 26 85): Schneeberger, Nussau 18, Tel. 83 65; Posch, Blumentalgasse 9, Tel. 82 42; Schifffahrt Drescher, direkt am See, Tel. 88 20. *Rust* (0 26 85): Campingplatz, Tel. 5 95; Schneeberger, Rathausplatz 16, Tel. 64 42; Schreiner, Kirchengasse 4, Tel. 4 36.

**Übernachtungen unterwegs**
*Mörbisch* (0 26 85): Mörbischer Hof (gehoben), Seestraße 64, Tel. 8 01 10; Pension Ödenburger Hof (mittel), Weinzeile 7, Tel. 86 60; Pension Peterhof (mittel), Neustiftgasse 22, Tel. 84 00. *Rust* (0 26 85): Seehotel (gehoben), Am Seekanal 2 – 4, Tel. 3 81; Pension Alexander (mittel), Dorfmeistergasse 21, Tel. 3 01; Pension Ecker (preiswert), Oggauerstraße 4, Tel. 2 92. *Donnerskirchen*: siehe Tour 11. *Purbach* (0 26 83): Pension Sandhofer (preiswert), Quergasse 10, Tel. 51 77. *Breitenbrunn* (0 26 83): Pension Turmhof (mittel), Kirchengasse 1, Tel. 53 08.

**Einkehrmöglichkeiten**
*Mörbisch*: Café Pannonia; Seerestaurant. *Rust*: Restaurant Bachstube; Restaurant Seehotel; Rusterhof. *Oggau*: Restaurant Dorfstube; Sebastiankeller. *Donnerskirchen*: siehe Tour 11. *Purbach*: Restaurant Nikolauszeche; Martinschenke; Pauli's Stuben. *Breitenbrunn*: siehe Tour 4.

**Öffnungszeiten**
*Mörbisch* und *Rust*: Heimatmuseum bzw. Vogelmuseum, Ostern bis 31. Oktober, täglich 9 – 12 und 13 – 17 Uhr.

**Auskunft**
A-7072 *Mörbisch*: Verkehrsbüro, Hauptstraße 23, Tel. (0 26 85) 8 43 00. A-7071 *Rust*: Tourismusverband, Conradplatz 1, Tel. (0 26 85) 5 02 oder 65 74. *Donnerskirchen*: siehe Tour 11. *Breitenbrunn*: siehe Tour 4.

**Kombinationen**
Mit den Touren 2, 4 und 11 (in Gegenrichtung).

**Landkarten**
»Blatt 78, Rust«, 1 : 50 000, Karte des Bundesamtes für Eich- und Vermessungswesen.

# 4 Um den Nordzipfel des Neusiedler Sees

*Breitenbrunn – Winden – Jois – Neusiedl – Weiden – Podersdorf*

**Ausgangsort**
Bahnhof Breitenbrunn. Anreise mit der Bahn von Neusiedl oder Eisenstadt, mit der Fähre von Podersdorf oder dem (Rad-)Bus von vielen Orten am See.

**Zielpunkt**
Podersdorf. Zurück mit der Fähre.

**Gesamttourenlänge**
22 km. Bis auf circa 8 km durch die Zitzmannsdorfer Wiesen alles asphaltiert.

**Zeitbedarf**
2 Stunden Radeln, 1,5 bis 2 Stunden Besichtigen.

**Etappen**
Breitenbrunn – Neusiedl: 11 km; Neusiedl – Podersdorf: 11 km.

**Steigungen**
15 Höhenmeter.

**Geländestruktur**
Flaches Weinbaugebiet, breiter Schilfgürtel am Ufer und ein Naturschutzgebiet zwischen Weiden und Podersdorf.

**Sehenswertes**
*Breitenbrunn*: Türkenturm; Pfarrkirche; historische Weinkellerzeile. *Winden*: Bärenhöhle. *Neusiedl*: Seemuseum; Pannonisches Heimatmuseum; Kalvarienberg. *Weiden*: Bewahrungszone Zitzmannsdorfer Wiesen.

**Günstigste Jahreszeit**
Mai bis September.

**Zu beachten**
Radbus- und Fährzeiten; siehe unter »Informationen für Radwanderer«.

**Varianten**
Tour in Gegenrichtung.

**Eignung für Kinder**
Für Kinder besonders geeignete Tour.

Bevor Sie richtig in die Pedale treten und rund um den Nordzipfel des *Neusiedler Sees* nach *Podersdorf* radeln werden, führt Sie diese Tour nach **Breitenbrunn** hinein, das sich am Fuße des *Leithagebirges* erstreckt. Vom *Bahnhof Breitenbrunn* radeln Sie geradeaus auf das Gebirge zu. Sie überqueren dabei den *Neusiedler-See-Radweg B10*, passieren am Ortsrand die **Pfarrkirche Zur heiligen Kunigunde** (1674) und kommen direkt in das Ortszentrum hinein. Im überschaubaren Herz von Breitenbrunn säumen reizvolle *Streck- und Hakenhöfe* die Straßen, gibt es historische *Weinkellerzeilen* zu bewundern und erhebt sich der 32 Meter hohe, wehrhafte **Türkenturm** von 1689. Er ist das Wahrzeichen des Ortes und beherbergt ein *Museum*, in dem die Ortsgeschichte und die Geologie der Region im Mittelpunkt stehen. Eine kleiner Teil des Museums beschäftigt sich mit dem Höhlenbär und der Höhlenhyäne. Überreste dieser längst ausgestorbenen Spezies fand man in der *Bärenhöhle* im 302 Meter hohen *Zeilerberg* bei *Winden*, zu der Sie später noch einen Abstecher machen können. Vom Wehrgang des Türkenturmes bietet sich übrigens eine gute Gelegenheit, den *Neusiedler See* mal aus einer anderen Perspektive zu betrachten. Denn unterwegs nach *Podersdorf* radeln Sie fast immer auf Seeniveau, und die Sicht auf den See wird Ihnen vom Schilfgürtel versperrt.

Sie verlassen das Breitenbrunner *Zentrum* in Richtung Bahnhof. Kurz vor der Station biegen Sie nach links auf den *Neusiedler-See-Radwanderweg B10* ein. Kaum richtig in die Pedale getreten, erreichen Sie **Winden** und seinen kleinen *Bahnhof*, an dem Sie nach links zur **Bärenhöhle** abzweigen können. Sie verlassen dabei den Radweg, durchqueren geradeaus den Ort und biegen am Fuße des *Leithagebir-*

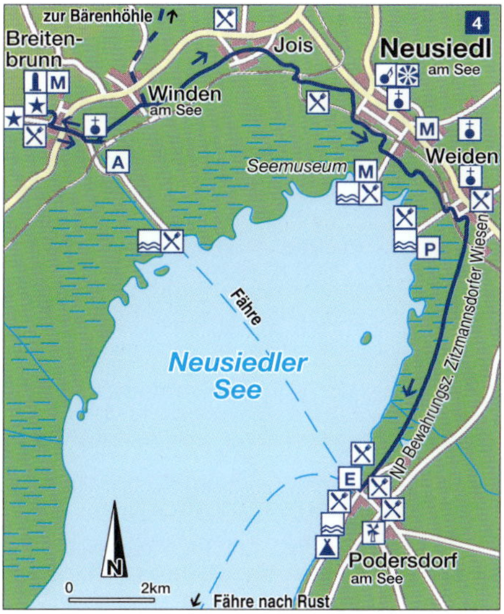


*ges* nach rechts auf den ansteigenden *Güterweg* nach Bruck an der Leitha ein. Auf ihm gelangen Sie nach circa 1,5 Kilometern zur *Bärenhöhle*. Wer den etwa insgesamt 5 Kilometer langen Abstecher zur Höhle nicht machen möchte, der radelt geradeaus auf dem *Neusiedler-See-Radweg B10* über **Jois** bis nach **Neusiedl** weiter, das sich etwas abseits vom Nordufer erstreckt.

*Neusiedl* ist die Bezirkshauptstadt und der bedeutendste Ort dieser Region. Es wird in dieser ländlichen Gegend wohl niemanden überraschen, daß der Hauptort nur eine Kleinstadt mit rund 5000 Einwohnern ist. Im langgestreckten Zentrum beidseitig der *Oberen* und *Unteren Hauptstraße* reihen sich historische und moderne Gebäude aneinander. Oberhalb der Stadt liegt die Ruine der mittelalterlichen **Burg Tabor**. Sie ist zwar weniger interessant, dafür ist die Aussicht von hier oben um so schöner. Der Weg dorthin ist ab dem Zentrum ausgeschildert, ebenso wie der Weg zum **Pannonischen Heimatmuseum** mit einer Freilichtabteilung auf dem naheliegenden **Kalvarienberg**. Der Radweg B10 kreuzt beim *Bahnhof Bad Neusiedl* die *Seestraße*, die das Ortszentrum mit dem Strandbad verbindet. In unmittelbarer Nähe des Bades befindet sich das **Seemuseum**, in dem Sie auf sehr eindrucksvolle Weise einen Einblick in die Flora und Fauna der Region erhalten. Falls Sie weder Lust auf Kultur und Natur noch auf ein Bad im kühlen Naß haben, überqueren Sie die *Seestraße* geradeaus und radeln am Schilfgürtel entlang nach **Weiden** weiter. Kurz nach dem *Bahnhof* geht es links in das Zentrum hinein, das sich beidseitig der *Hauptstraße* erstreckt. Sehenswert in dieser kleinen Weinbaugemeinde ist der **»Sesselmarkt«**; ein Brauch, bei dem meistens ältere Frauen in einem Sessel am Straßenrand sitzen und Obst, Korbwaren, Weine und andere hausgemachte Produkte zum Kauf anbieten. Der »Sesselmarkt« ist auch in anderen Orten am See anzutreffen, verschwin-

**Die farbenreiche Einkaufsstraße in Neusiedl am See lädt ein, das Rad mal abzustellen und einen Spaziergang zu machen.**

**Der breite Schilfgürtel rund um den Neusiedler See entzieht oft den Blick auf malerische Fischerhäuschen.**

det aber leider immer mehr aus dem täglichen Leben und wird fast nur noch an Wochenenden abgehalten.
Die letzten Kilometer dieser Tour verlaufen am Nordostufer des *Neusiedler Sees* entlang, quer durch die **Bewahrungszone Zitzmannsdorfer Wiesen**. Dieses langgezogene Naturschutzgebiet gehört zum *Nationalpark Neusiedler See – Seewinkel* und beherbergt seltene Pflanzen, wie etwa die Bastard-Schwertlilie und das Federgras. In der steppenartigen Landschaft tummeln sich verschiedene Vogel- und Schmetterlingsarten. Je näher Sie dem Tourziel **Podersdorf** kommen, desto schmaler wird der Schilfgürtel, bis er vor dem Badeort ganz verschwindet und damit die Sicht auf den See freigibt. Am Ortsrand spüren Sie wieder Asphalt unter den Rädern. Sie radeln am Nordstrand entlang bis zur Rotunde, an der es links in das Zentrum von ***Podersdorf*** geht (siehe Tour 1). Nach rechts sind es nur noch wenige Meter bis zur ***Schiffsanlegestelle***, von wo aus Sie mit der Fähre nach ***Breitenbrunn*** oder nach ***Rust*** (siehe Tour 3) übersetzen können.

**Radverleih**
*Breitenbrunn* (0 26 83): Restaurant Turmhof, Kirchengasse 1, Tel. 52 62; Restaurant Rosenhof, Spitalgasse 1, Tel. 52 00; Gasthaus Wein, Eisenstädter Straße, Tel. 52 14.

**Übernachtungen unterwegs**
*Neusiedl* (0 21 67): Hotel Wende (gehoben), Seestraße 40 – 42, Tel. 81 11; Rasthaus Zur alten Mauth (mittel), Eisenstädter Straße 205, Tel. 88 30; Pension Vollath (preiswert), Eisenstädter Straße 53, Tel. 82 10. *Podersdorf* (0 21 77): Gasthof Seewirt (gehoben), Strandplatz 1, Tel. 24 15; Hotel Haus Pannonia (mittel), Seezeile 20, Tel. 22 45; Pension Arkadenhof (preiswert), Seestraße 13, Tel. 24 02.

**Einkehrmöglichkeiten**
*Breitenbrunn*: Prangerschenke; Gasthof Wein. *Jois*: Restaurant Zum Seeblick. *Neusiedl*: Rasthaus zur alten Mauth; Restaurant Csàrda. *Weiden*: Restaurant Blaue Gans; Seerestaurant. *Podersdorf*: siehe Tour 1.

**Öffnungszeiten**
*Breitenbrunn*: Turmmuseum, Ostern bis 31. Oktober, Di – So 9 – 12 und 14 – 16.30 Uhr. *Neusiedl*: Heimatmuseum Pannonia, Di – Sa 14.30 – 18.30 Uhr, Sonn- und Feiertage zusätzlich 10 – 12 Uhr; Seemuseum, Ostern bis 31. Oktober, täglich 9 – 12 und 13 – 17 Uhr.

**Auskunft**
A-7091 *Breitenbrunn*: Verkehrsamt, Eisenstädter Straße 16, Tel. (0 26 83) 50 54. A-7100 *Neusiedl*: Tourismusbüro, Hauptplatz 1, Tel. (0 21 67) 22 29.

**Kombinationen**
Mit den Touren 1, 3, 9 und 11.

**Landkarten**
»Blatt 78, Rust« und »Blatt 79. Neusiedl«, 1:50 000, Karten des Bundesamtes für Eich- und Vermessungswesen.

# 5 Zum Schloß Kittsee

*Neusiedl – Weiden – Gattendorf – Pama – Kittsee*

**Ausgangsort**
Bahnhof Neusiedl. Anreise mit der Bahn von Wien, Eisenstadt oder Pamhagen oder mit dem (Rad-)Bus von vielen Orten am See.

**Zielpunkt**
Kittsee. Zurück mit dem Bus.

**Gesamttourenlänge**
35 km. Bis auf eine kurze Strecke alles asphaltiert.

**Zeitbedarf**
3,5 Stunden Radeln, 1 Stunde Besichtigen.

**Etappen**
Neusiedl – Weiden: 7 km; Weiden – Gattendorf: 16 km; Gattendorf – Kittsee: 12 km.

**Steigungen**
17 Höhenmeter.

**Geländestruktur**
Bebaute Uferregion und flaches Steppengebiet mit Agrarflächen und sehr dünner Besiedlung.

**Sehenswertes**
*Neusiedl* und *Weiden*: siehe Tour 4. *Kittsee*: Barockschloß; Ethnografisches Museum.

**Günstigste Jahreszeit**
Mai bis September.

**Zu beachten**
Der Grenzübergang bei Kittsee kann nur von slowakischen und österreichischen Staatsbürgern benutzt werden.

**Varianten**
Tour in Gegenrichtung.

Der *Neusiedler See* wird im Norden von der **Parndorfer Platte** begrenzt, einem dünnbesiedelten Gebiet mit ausgedehnten Heide- und Agrarflächen. Bei starkem Wind kann dort die Genußtour zu einer kräfteraubenden Fahrt werden. Um die Radtour zum *Barockschloß Kittsee* auch wirklich genießen zu können, sollten Sie sich deshalb einen nahezu windstillen Tag aussuchen, bzw. sollte der Wind die Stärke 3 nicht überschreiten.

Sie verlassen den *Bahnhof Neusiedl* nach rechts, halten sich circa 200 Meter später nochmals rechts und biegen an der T-Kreuzung nach links auf den *Neusiedler-See-Radweg B10* ein. Auf ihm radeln Sie bis in das 7 Kilometer entfernte **Weiden** (siehe Tour 4). Sie überqueren beim Bahnhof nach links die Gleise, fahren dann einige Meter rechts weiter und stoßen danach auf den *Verbindungsradweg Neusiedler See – Donau* (Wegweiser »B21«), dem Sie nach links folgen. Kurze Zeit später überqueren Sie leicht rechts haltend die Durchfahrtsstraße (Vorsicht!). Auf einem stark ansteigenden Güterweg verlassen Sie nun den Ort. Auf dem höchsten Punkt des Weges können Sie nochmals kurz auf den *Neusiedler See* zurückblicken, bevor Sie in die endlos erscheinende **Parndorfer Platte**, die von der *Autobahn A4* (Wien – Budapest) durchschnitten wird, »eintauchen«.

Immer geradeaus radelnd, überqueren Sie die Autobahn. Sie biegen dann nach links, kurze Zeit später nach rechts in Richtung Kittsee ab. Etwa zwei Kilometer nach der Überquerung der Bahn ignorieren Sie den Wegweiser »B21«, der nach links über *Neudorf*, *Potzneusiedl* und *Petronell* zum *Donauradwanderweg* bei *Bad Deutsch-Altenburg* führt (siehe Tour 6). Sie radeln geradeaus weiter und kommen an der **Annakapelle** vorbei, einer Wallfahrtskapelle aus dem 18. Jahrhundert, die in einem kleinen Waldstück versteckt liegt. Ihr spitzer Turm ist von weitem sichtbar und ein guter Orientierungspunkt in dieser großen Ebene. Kurz nach der Kapelle erreichen Sie **Gattendorf**, eine kleine Gemeinde ohne nennenswerte Sehenswürdigkeiten. Es lohnt sich, eine kleine Pause einzulegen, denn immerhin liegen bereits zwei Drittel der Strecke hin-

ter Ihnen. Sie kommen durch die *Bahngasse* in den Ort hinein, überqueren geradeaus die *Untere Hauptstraße*, radeln an der *Dorfkirche* vorbei und biegen dann nach rechts in die *Untere Dorfstraße* ein. Vor der Bahn überqueren Sie nach links die **Leitha** und radeln auf dem *Güterweg Gattendorf – Ackerlust* neben den stillgelegten Gleisen nach *Pama*, dem letzten Ort vor dem Tourziel, weiter.

Auch **Pama** kann mit keinen Sehenswürdigkeiten aufwarten. Sie biegen im Ort nach links in die *Hauptstraße* ein, radeln auf ihr bis zum auffallenden Bildstock, an dem Sie nach rechts auf den *Güterweg Pama – Kittsee* schwenken. Mit dem Ort im Rücken radeln Sie nun geradeaus auf **Kittsee** zu, das in der Ferne sichtbar ist. Dahinter schimmert die Silhouette der slowakischen Hauptstadt *Preßburg*, aus der sich die sozialistischen Plattenbauten und die *Karlsburg* hervorheben. Kurz nach den ersten Häusern von *Kittsee* biegen Sie an der Gabelung nach links ab. Sie radeln nun am Ortsrand und an Glashäusern entlang und stoßen am Ende der

Straße auf den Höhepunkt dieser Tour: das prächtige **Schloß Kittsee**. Durch das schmiedeeiserne Hauptportal (rechts) betreten Sie die weitläufige Parkanlage und gelangen zum Neuen und zum ***Alten Schloß***, dessen Basis eine mittelalterliche Burg war. Sie wurde nach einer Verwüstung wieder neu aufgebaut und im Verlauf der Jahrhunderte grundlegend verändert. Neben dem Alten Schloß entstand im 17. Jahrhundert das ***Neue Schloß***. Graf Paul Esterházy ließ es im 18. Jahrhundert im barocken Stil ausstatten. Auffallende architektonische Details sind die Atlanten: männliche, aus der griechischen Mythologie stammende Figuren, die an Stelle von Säulen den Balkon stützen. Im 19. Jahrhundert kam das Neue Schloß in den Besitz der Familie Batthyány, die im Burgenland ebenso einflußreich war wie das Fürstenhaus Esterházy. In den 70er Jahren gaben sie das Neue Schloß an die Gemeinde Kittsee, die hier das **Ethnografische Museum**, eine Außenstelle des weltberühmten Museums für Volkskunde in Wien, einrichtete. Schwerpunkt dieses Museums ist die Volkskultur und -kunst Ost- und Südosteuropas.

Nach dem kleinen Einblick in die osteuropäische Geschichte und Kultur können Sie eventuell einen Abstecher nach **Preßburg** machen. Dazu folgen Sie beim Schloß Kittsee der Straße in Richtung Hainburg. Nach etwa 4,5 Kilometern stoßen Sie auf die ***Bundesstraße 9*** und den daneben verlaufenden **Donauradwanderweg**, der links nach ***Hainburg*** (circa 7 Kilometer) und rechts nach ***Preßburg*** (circa 6 Kilometer) führt. Wir möchten Sie jedoch darauf aufmerksam machen, daß Preßburg den Ruf als »Stadt der Taschendiebe« hat. Falls Sie also einen Blick über die Grenze werfen sollten, achten Sie permanent auf ihre Wertgegenstände und lassen Sie das Rad keinen Augenblick aus den Augen – sonst werden Sie wahrscheinlich mit dem Bus oder der Bahn die Rückfahrt nach Österreich antreten.

**Radtouren im Nordburgenland führen meistens über ebene Güterwege durch eine weite, fast baumlose Landschaft.**

**Radverleih**
*Neusiedl* (0 21 67): Bahnhof, Tel. 24 37; Zweirad-Center, Eisenstädter Straße 76, Tel. 24 15; Hotel Wende, Seestraße 40 – 42, Tel. 81 11; Intersport, Untere Hauptstraße 9, Tel. 81 63.

**Übernachtungen unterwegs**
*Kittsee* (0 21 43): Gasthof Steinhofer, Hauptplatz 13, Tel. 23 15; Gasthaus Böröczky, Eisenstädter Straße 34, Tel. 25 50.

**Einkehrmöglichkeiten**
*Neusiedl* und *Weiden*: siehe Tour 4. *Gattendorf*: Gasthaus Limbeck. *Pama*: Gasthaus Milkovich. *Kittsee*: Gasthof Zum Edelhof; Gasthof Steinhofer.

**Öffnungszeiten**
*Kittsee*: Schloß Kittsee und Ethnografisches Museum, täglich 10 – 16 Uhr (im Sommer bis 17 Uhr).

**Auskunft**
*Neusiedl*: siehe Tour 4. A-2421 *Kittsee*: Verkehrsamt, Hauptplatz 11, Tel. (0 21 43) 2 23 30.

**Kombinationen**
Mit der Tour 6 in Gegenrichtung.

**Landkarten**
»Blatt 79, Neusiedl am See« und »Blatt 62, Preßburg«, 1 : 50 000, Karten des Bundesamtes für Eich- und Vermessungswesen.

# 6 Vom Neusiedler See zur Donau

*Neusiedl – Parndorf – Neudorf – Potzneusiedl – Deutsch Haslau – Schönabrunn – Petronell – Bad Deutsch-Altenburg*

**Ausgangsort**
Bahnhof Neusiedl. Anreise: siehe Tour 5.

**Zielpunkt**
Bad Deutsch-Altenburg. Zurück mit dem Bus über Bruck an der Leitha.

**Gesamttourenlänge**
32 km, alles asphaltiert.

**Zeitbedarf**
3 bis 3,5 Stunden Radeln, 3 bis 4 Stunden Besichtigen.

**Etappen**
Neusiedl – Potzneusiedl: 18,5 km; Potzneusiedl – Petronell: 9,5 km; Petronell – Bad Deutsch-Altenburg: 4 km.

**Steigungen**
44 Höhenmeter.

**Geländestruktur**
Teils sanft gewelltes, teils ebenes Agrargebiet am Westrand der Parndorfer Platte.

**Sehenswertes**
*Neusiedl*: siehe Tour 4. *Potzneusiedl*: Ikonenmuseum. *Rohrau*: Haydn-Museum. *Petronell*: Archäologischer Park Carnuntum. *Bad Deutsch-Altenburg*: Archäologisches Museum.

**Günstigste Jahreszeit**
Mai bis September.

**Zu beachten**
Bei starkem Wind kann die Tour ziemlich kräfteraubend sein.

**Varianten**
Tour in Gegenrichtung.

Genußtour 6 führt Sie zur **Donau** und gleichzeitig zurück in die Römerzeit. Das heutige Burgenland war damals eines der ersten Gebiete, das von den Römern während ihrer Expansion in Richtung Donau in ihre *Provinz Pannonien* eingegliedert wurde. *Carnuntum* war die Provinzhauptstadt und lag an der strategisch und ökonomisch wichtigen *Donau*. Beim heutigen *Petronell*, circa 28 Radkilometer nördlich des *Neusiedler Sees* gelegen, haben umfangreiche archäologische Ausgrabungen unter anderem Fundamente von Carnuntum, römische Figuren und Alltagsgegenstände zu Tage gebracht, die der Ausgrabungsstätte den Ruf eines »Pompeji von Wien« einbrachten.
Vom *Bahnhof Neusiedl* radeln Sie nach links bis zur *Eisenstädter Straße*. Falls Sie zuerst **Neusiedl** besuchen möchten, biegen Sie hier nach rechts ins Zentrum ab (Beschreibung siehe Tour 4); ansonsten schwenken Sie nach links. Kurz nach den Gleisen zweigt nach rechts der mit grünen Tafeln lückenlos ausgeschilderte *Verbindungsradweg Donau – Neusiedler See B21* ab. Sie radeln von nun an fast ständig an den Gleisen entlang, durchfahren dabei das *Hanftal* und radeln unter der *Bundesstraße 50* und der *Autobahn A4* hindurch. Etwa einen Kilometer danach erreichen Sie die ersten Häuser von **Parndorf**. Die *Wegweiser B21* leiten Sie größtenteils am Ortsrand entlang, später auf einem Güterweg nach **Neudorf** und danach auf einer Landstraße nach **Potzneusiedl** (Wegweiser »Schloß Potzneusiedl«) weiter. Inmitten des Ortes stoßen Sie auf das klassizistische *Schloß Potzneusiedl*, worin ein **Ikonenmuseum** untergebracht ist und in dessen Hof häufig ein Antiquitätenmarkt abgehalten wird. Sie radeln links am Schloß vorbei und überqueren danach die *Leitha*, die das Burgenland von Niederösterreich und Potzneusiedl von

**Von der Donaubrücke bei Bad Deutsch-Altenburg haben Sie freien Blick auf die Festung über Hainburg, dem letzten Ort am Donauradwanderweg vor der slowakischen Grenze.**

**Deutsch Haslau** trennt. Auf niederösterreichischem Boden folgen Sie weiterhin den Wegweisern B21. Das Logo wurde zwar verändert, doch die grüne Farbe beibehalten. Sie durchqueren *Deutsch Haslau* auf der Durchfahrtsstraße, biegen am Ortsende nach links ab und radeln durch eine Allee weiter nach **Schönabrunn**, das mit keinen nennenswerten Sehenswürdigkeiten aufwarten kann. Von *Schönabrunn* nach *Petronell* können Sie entweder auf dem *Radweg B21* quer durch ein offenes Agrargebiet oder über *Rohrau* und von dort auf der *Landesstraße 211* weiterfahren (Wegweiser »Bruck an der Leiha«). Die zweite Variante ist um etwa 3 Kilometer länger und kulturell interessanter, verläuft aber auf verkehrsreichen Straßen; vor allem ab **Rohrau**, dem Geburtsort der Haydn-Brüder Joseph und Michael. In ihrem Geburtshaus an der *Hauptstraße* wurde das **Haydn-Museum** eingerichtet, dessen Exponate einen Einblick in das Leben und Schaffen der Komponisten geben. In unmittelbarer Nähe des Museums befindet sich das **Schloß Harrach** mit einer beeindruckenden Gemäldesammlung spanischer und niederländischer Meister vom 17. und 18. Jahrhundert.

**Petronell-Carnuntum** ist der kulturelle Höhepunkt dieser Tour. Sowohl der *Verbindungsradweg B21* als auch die *Landesstraße 211* treffen hier auf die *Bundesstraße 9*. Wer den Radweg B21 benutzt, der biegt vor der Bundesstraße nach links auf den *Römerradweg* ein. Nach kurzer Zeit führt er nach rechts unter der Bundesstraße hindurch zur *Burggasse*, der Sie nach links folgen. Etwa 500 Meter danach biegen Sie nach rechts zum Ortszentrum ab, wo Sie nach links dem Wegweiser *»Archäologischer Park Carnuntum«* folgen. Wer über Rohrau nach Petronell fährt, der radelt auf der Landesstraße 211 einfach geradeaus in das Ortszentrum hinein.

Der **Archäologische Park Carnuntum** besteht aus weitverstreut liegenden Resten der Römerstadt Carnuntum. Sie

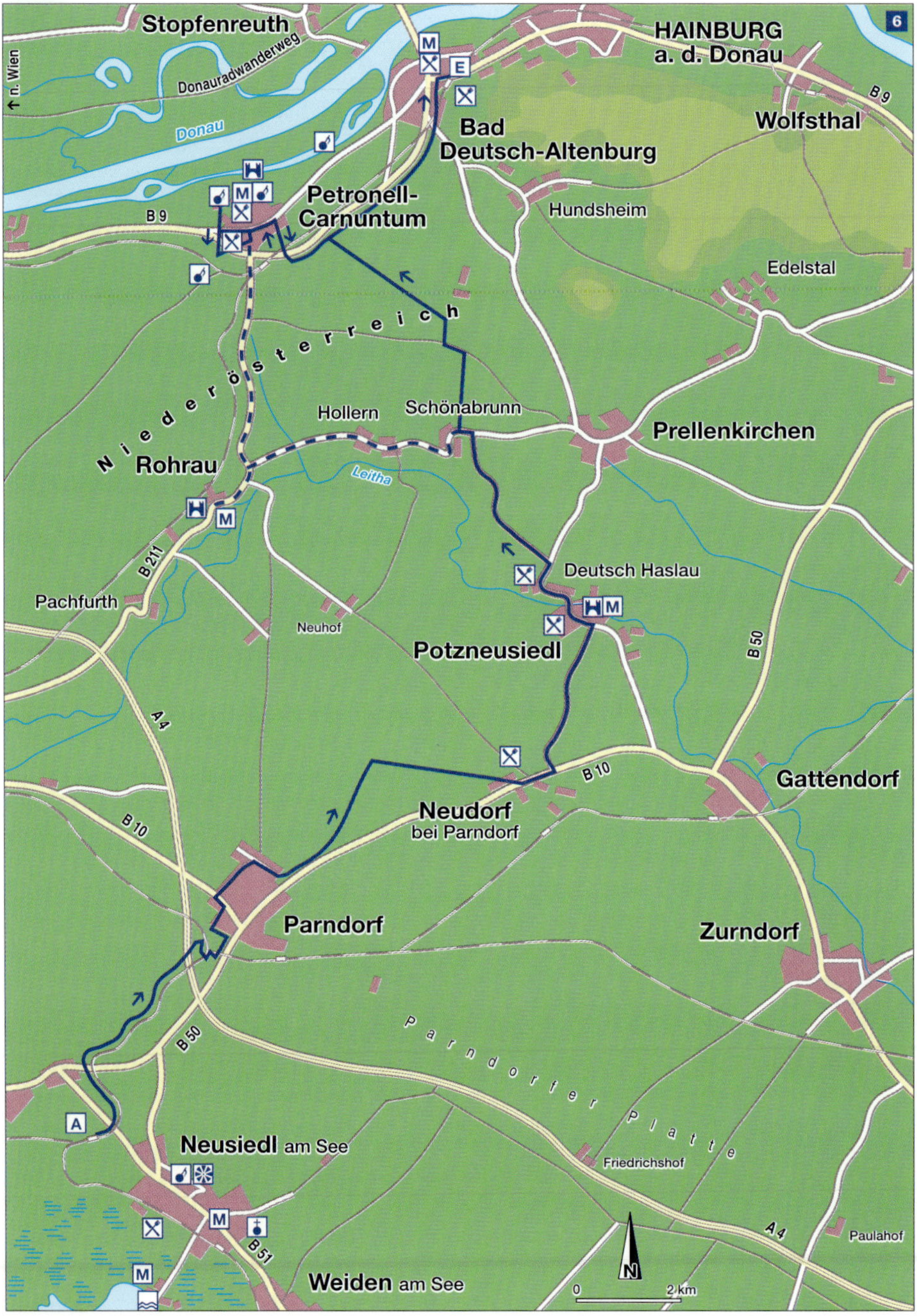
Stopfenreuth
Donauradwanderweg
n. Wien
Donau
HAINBURG a. d. Donau
B 9
Bad Deutsch-Altenburg
Wolfsthal
Petronell-Carnuntum
Hundsheim
Edelstal
Niederösterreich
Hollern
Schönabrunn
Prellenkirchen
Rohrau
Leitha
B 211
Deutsch Haslau
Pachfurth
Neuhof
Potzneusiedl
B 50
A 4
B 10
Gattendorf
Neudorf bei Parndorf
Parndorf
Zurndorf
Parndorfer Platte
Friedrichshof
Neusiedl am See
B 51
Paulahof
Weiden am See
N
0
2 km

Das Heidentor am Südwestrand von Petronell an der Donau gehört zu den besterhaltenen Resten der Römerstadt Carnuntum und ist bereits von weitem sichtbar.

vermitteln eine lebhafte Vorstellung von der Größe und der Ausstattung dieser römischen Provinzhauptstadt, die *Vindobona*, das heutige Wien, im Umfang und in ihrer Bedeutung bei weitem übertraf. Das antike **Stadtviertel** beim Informationszentrum ist die erste Sehenswürdigkeit, auf die Sie treffen. Es ist ein Freilichtmuseum, dessen Glanzstücke der rekonstruierte *Dianatempel* und eine *Römerstraße* sind. Vor jeder Museumsführung gibt es im Informationszentrum eine Videovorführung.
Um zur nächsten Ausgrabungsstätte zu gelangen, radeln Sie auf der *Hauptstraße* in Richtung Osten weiter. An der ersten Möglichkeit biegen Sie nach rechts ab. Kurze Zeit später breiten sich vor Ihnen die Fundamente des ellypsenförmigen **Amphitheaters** aus, in dem Gladiatoren-Schaukämpfe abgehalten wurden. Es bot bis zu 13 000 Besuchern Platz, und seine Größe ist in Anbetracht der Fundamente kaum richtig vorstellbar. Mit dem Theater im Rücken radeln Sie zur *Hauptstraße* zurück, die Sie geradeaus überqueren. Nach einigen Fahrminuten biegen Sie nach rechts zum **Heidentor** ab. Dieser imposante Triumphbogen erhebt sich in einem freien Gelände, ist dadurch von weitem bereits sichtbar und das Wahrzeichen Carnuntums.
Vom Heidentor fahren Sie geradeaus nach *Petronell* hinein. Sie biegen hier nach links ab und radeln kurz danach rechts durch die *Burggasse* weiter. Nach 500 Metern weisen Ihnen Tafeln den Weg nach **Bad Deutsch-Altenburg** (Wegweiser »Römerradweg«), einem beliebten Kurort am Südufer der *Donau*. Der Ort wurde an der Stelle der vormaligen Lagerstadt von Carnuntum gegründet. Die einzige noch sichtbare Spur der von römischen Soldaten bewohnten Stadt ist ein **Amphitheater** an der Landesstraße nach *Petronell*. Tafeln weisen dorthin den Weg, ebenso wie den Weg zum archäologischen **Museum Carnuntium**, das im Stil einer römischen Villa errichtet wurde. Die Besichtigung der reichen Museumssammlung ist empfehlenswert und rundet die Tour durch die Römerzeit ab. Am Ostrand des Ortes liegt der *Bahnhof Bad Deutsch-Altenburg*, von dem aus fast stündlich Züge nach Wien fahren. Wenn die Zeit und die Kraft noch ausreicht, können Sie auch auf dem **Donauradweg** nach Wien, Preßburg oder Kittsee (siehe Tour 5) weiterradeln.

**Radverleih**
*Neusiedl*: siehe Tour 4.

**Übernachtungen unterwegs**
*Bad Deutsch-Altenburg* (0 21 56): Pension Hofmeister (mittel), Badgasse 7, Tel. 6 27 68; Hotel König Stefan (mittel), Badgasse 34, Tel. 6 47 11.

**Einkehrmöglichkeiten**
*Neusiedl*: siehe Tour 4. *Potzneusiedl*: Bierkeller (nur von Mai bis September). *Deutsch Haslau*: Gasthof Hoffmann. *Petronell*: Restaurant im Hotel Marc Aurel; Café im Informationszentrum. *Bad Deutsch-Altenburg*: Gasthaus Durkowitsch.

**Öffnungszeiten**
*Neusiedl*: siehe Tour 4. *Potzneusiedl*: Ikonenmuseum, täglich 10–17 Uhr. *Rohrau*: Haydn-Museum, Di–So 10–17 Uhr. *Petronell*: Archäologischer Park Carnuntum, April bis Oktober, täglich 9–17 Uhr. *Bad Deutsch-Altenburg*: Archäologisches Museum, Di–So 10–17 Uhr (an Feiertagen bis 19 Uhr).

**Auskunft**
A-2404 *Petronell-Carnuntum*: Verkehrsbüro, Kirchengasse 57, Tel. (0 21 63)22 28. A-2405 *Bad Deutsch-Altenburg*: Kurverwaltung, Badgasse 21, Tel. (0 21 65)6 24 59.

**Kombinationen**
Mit der Tour 5 (in Gegenrichtung) und mit dem Donauradwanderweg.

**Landkarten**
siehe Tour 5.

# Unterwegs im Seewinkel

## 7 Barock-Tour

*Frauenkirchen – Halbturn – Mönchhof – Frauenkirchen*

**Ausgangsort**
Bahnhof Frauenkirchen. Anreise mit der Bahn von Neusiedl oder Pamhagen.

**Zielpunkt**
Frauenkirchen (Rundtour).

**Gesamttourenlänge**
24 km, alles asphaltiert.

**Zeitbedarf**
2 Stunden Radeln, 1,5 bis 2 Stunden Besichtigen.

**Etappen**
Frauenkirchen – Halbturn: 11 km; Halbturn – Frauenkirchen: 13 km.

**Steigungen**
Nahezu eben.

**Geländestruktur**
Flaches Agrar- und Weinbaugebiet.

**Sehenswertes**
*Frauenkirchen*: Wallfahrtskirche. *Halbturn*: Schloß. *Mönchhof*: Barockkirche; Dorfmuseum; historische Weinkeller.

**Günstigste Jahreszeit**
Mai bis September.

**Varianten**
Tour in Gegenrichtung.

Der **Seewinkel** paßt gar nicht in das meistens von schneebedeckten Bergen, saftig grünen Almen und waldreichen Tälern geprägte Touristenklischee der Alpenrepublik. Dieses Gebiet zwischen dem *Neusiedler See* und der ungarischen Grenze ist brettleben und wird von der *Pußta*, einer baumlosen Steppenlandschaft, geprägt. Früher wurde hier vorrangig Weidewirtschaft betrieben, woran noch die typischen *Ziehbrunnen* erinnern. Heute wechseln sich endlos erscheinende Weingärten mit Getreide- und Maisfeldern ab. Die Landschaft verlor durch die Kultivierung viel von ihrer Ursprünglichkeit. Nur in den Naturschutzgebieten um die seichten, salzhaltigen Seen, die sogenannten *Lacken*, trifft man noch auf eine intakte Pußtalandschaft.
Die Natur steht im Vordergrund bei den Touren durch den *Seewinkel*. Lediglich in und um *Frauenkirchen* trifft man auf einige Kulturdenkmäler, deren Wurzeln bis in das 13. Jahrhundert zurückreichen. Damals verschenkte der ungarische König Andreas II. das Gebiet um *Frauenkirchen* an den Zisterzienserorden Heiligenkreuz bei Wien, der hier Kirchen und Klöster errichten ließ. Um die religiösen Zentren entwickelten sich Dörfer, die nach dem Sieg über die Türken am Ende des 17. Jahrhunderts eine kulturelle Blüte erlebten. Die *Wallfahrtskirche Frauenkirchen* und das *Schloß Halbturn* zeugen von dieser Entwicklung und gleichzeitig von der kirchlichen und weltlichen Macht der österreichischen und ungarischen Fürsten.
Vom *Bahnhof Frauenkirchen* radeln Sie nach links durch die *Bahnstraße* in Richtung Zentrum. Sie biegen am Ende der Straße nach rechts in die *Neustiftstraße* ein, fahren dann links am Friedhof vorbei und durch die *Judengasse* zur *Franziskanerstraße*, der Sie nach links folgen. Sie radeln nun direkt auf die barocke **Wallfahrtskirche Frauenkirchen** zu, die sich inmitten des 3000 Einwohner zählenden Ortes erhebt. Die Kirche tauchte im 14. Jahrhundert erstmals in einer Urkunde auf

Die Hauptattraktion von Frauenkirchen, östlich von Podersdorf gelegen, ist die von außen schlicht wirkende Wallfahrtskirche mit ihren unübersehbaren Zwiebeltürmen.

und war schon damals eine vielbesuchte Pilgerstätte. 1529 und 1683 wurde sie von den Türken zerstört. Fürst Esterházy ließ sie nach der zweiten Zerstörung wieder aufbauen und vergrößern. Auch wenn Sie kein Interesse an sakralen Bauwerken haben, sollten Sie doch einen Blick in die Kirche werfen. Hinter ihrer strengen Doppelturmfassade versteckt sich ein reich dekorierter Raum. Blickfänger sind das freskengeschmückte Gewölbe, die mit Blattgold verzierte Marmorkanzel und der Hochaltar, worin die Gnadenstatue, die angeblich aus dem Jahr 1240 stammen soll, aufbewahrt wird.
Schräg gegenüber der Kirche befindet sich übrigens das ***Alte Brauhaus***, eine empfehlenswerte Einkehrmöglichkeit. Sie verlassen ***Frauenkirchen*** auf der ***Halbturner Straße*** (Wegweiser »Halbturn«), radeln dazu rechts-links an der ***Kirche*** vorbei und passieren den kleinen ***Kalvarienberg***. Er lag ursprünglich vor der Kirche, wurde aber in den 50er Jahren an seine heutige Stelle verlegt. Am Ortsende biegen Sie nach rechts auf den ***Güterweg Frauenkirchen – Wegäcker*** ein. Sie folgen von nun an ständig dem nahezu lückenlos ausgeschilderten ***Kulturradweg B23***. Er leitet Sie zunächst geradeaus weiter, dann nach links über den unscheinbaren ***Türkenhügel*** nach **Halbturn**, wo Sie im Zentrum auf die ***Schloßkirche*** stoßen. Links davon versteckt sich hinter einer hohen Mauer das **Schloß Halbturn**, ein Meisterwerk der barocken Baukunst, das Harmonie und Eleganz ausstrahlt. Für den Bau war ***Johann Lukas von Hildebrandt***, der Hofarchitekt der Habsburger, verantwortlich. Die sehenswerten Fresken im großen Schloßsaal stammen von ***Franz Maulpertsch***, Österreichs berühmtestem Barockmaler. Im Haupttrakt finden regelmäßig Kunstausstellungen statt, die in dem barocken Ambiente besonders gut zur Geltung kommen. Das gleiche gilt auch für die permanente ***Sammlung Österreichischer Kunst*** aus dem 20. Jahrhundert in den Seitentrakten.
Der ***Kulturradweg B23*** führt vor der Kirche nach links, später nach rechts weiter. Sie radeln dabei immer an der Schloßparkmauer entlang und gelangen so zum

**In der Frauenkirchner Wallfahrtskirche imponiert vor allem die prunkvolle Barockausstattung.**

Haupteingang des Schlosses. Kurz danach wenden Sie sich nach links auf den *Güterweg Halbturn – Kaiserberg*. Er mündet bei der *Kreuzkapelle* in eine Landstraße, der Sie nach links auf einem Radweg folgen. Das Rad rollt dabei von alleine an traditionellen Weinkellern vorbei nach **Mönchhof**, einer der ältesten Weinbaugemeinden Österreichs, hinunter. Beim Heurigen Braunschmidt zweigt der *Radweg B23* nach rechts ab. Er leitet Sie durch ausgedehnte Weingärten und mit einer Biegung nach links an einen Radweg neben der *Bundesstraße 51*, dem Sie nach links folgen. Kurze Zeit später fahren Sie nach rechts durch den *Radschin* in das Ortszentrum hinein, wo sich die **Barockkirche** erhebt. Im Zentrum können Sie eventuell einen Abstecher zum privat geführten **Dorfmuseum** in der *Bahnhofgasse* machen, das sich mit der kleinbäuerlichen Kultur des Seewinkels beschäftigt. Sie erreichen dieses kleine Freilichtmuseum, in dem Sie gleich nach der *Kirche* nach links abbiegen, später nach rechts der verkehrsreichen Straße nach Frauenkirchen folgen und dann nach links in die *Bahnhofgasse* einbiegen. Ansonsten radeln Sie von der Kirche fast immer geradeaus aus *Mönchhof* hinaus. Sie kommen dabei am *Turmrestaurant* im historischen Stadtturm vorbei, überqueren am Ortsrand die Bahn und radeln nun auf dem Güterweg *Mönchhof – Wiesenäcker* dem Ausgangs- und Zielpunkt der Tour de baroque entgegen. Die bereits von weitem sichtbaren Türme der *Wallfahrtskirche Frauenkirchen* dienen dabei als gute Orientierungshilfe.

**Radverleih**
Derzeit gibt es keinen Radverleih im Ort. Sie können das Rad mit der Bahn mitnehmen oder von Podersdorf mit dem Rad anreisen (siehe Tour 9).

**Übernachtungen unterwegs**
*Frauenkirchen*: Pension Wiesz (preiswert), Lagergasse 1, Tel. (0 21 72) 21 02.

**Einkehrmöglichkeiten**
*Frauenkirchen*: Altes Brauhaus; Gasthaus Zur Heide. *Halbturn*: Café Talos; Schloßtaverne. *Mönchhof*: Restaurant Turmhof.

**Öffnungszeiten**
*Halbturn*: Schloß Halbturn, April bis Oktober, täglich 9 – 18 Uhr. *Mönchhof*: Dorfmuseum, April bis Oktober, Mi 17 – 20 Uhr, Sa, So und Feiertagen 14 – 19 Uhr.

**Auskunft**
A-7132 *Frauenkirchen*: Verkehrsamt, Amtshausgasse 7, Tel. (0 21 72) 23 00.

**Kombinationen**
Mit den Touren 8 und 9.

**Landkarten**
»Blatt 79, Neusiedl am See«, 1 : 50 000, Karte des Bundesamtes für Eich- und Vermessungswesen.

# 8 Um die Bewahrungszone Waasen-Hanság

*Sankt Andrä – Tadten – Waasen-Hanság – Andau – Sankt Andrä*

**Ausgangsort**
Sankt Andrä. Anreise mit der Bahn von Neusiedl oder Pamhagen oder mit dem Rad von Podersdorf (siehe Tour 9).

**Zielpunkt**
Sankt Andrä (Rundtour).

**Gesamttourenlänge**
37 km. Bis auf circa 6 km alles asphaltiert.

**Zeitbedarf**
3,5 bis 4 Stunden Radeln.

**Etappen**
Sankt Andrä – Tadten: 7 km; Tadten – Bewahrungszone – Andau: 19 km; Andau – Sankt Andrä: 11 km.

**Steigungen**
Nahezu eben.

**Geländestruktur**
Ebenes Ackerland, Weinbau- und Naturschutzgebiet.

**Sehenswertes**
Bewahrungszone Waasen-Hanság; Skulpturenallee, traditionelle Ziehbrunnen, Hirtenhütten.

**Günstigste Jahreszeit**
Mai bis September.

**Zu beachten**
Fernglas mitnehmen. Reisepaß sollte vorsorglich eingesteckt werden, da Sie in Grenznähe radeln.

**Varianten**
Tour in Gegenrichtung.

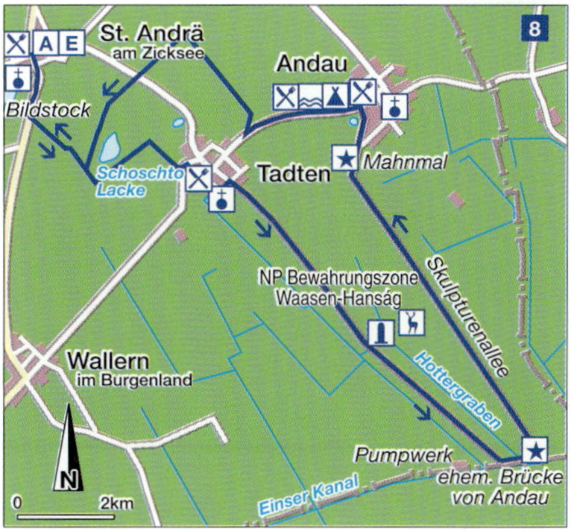


Im Südosten des *Seewinkels* erstreckt sich die **Bewahrungszone Waasen-Hanság**, eines der letzten Feuchtgebiete, die hier die Landschaft einst prägten. Ab dem Ende des 19. Jahrhunderts wurde mit großflächigen Entwässerungssystemen das sumpfige Gebiet in diesem Teil des *Seewinkels* trockengelegt und kultiviert. Immer schneller verschwanden die ursprünglichen Sumpf- und Feuchtwiesen, deren Zahl heute auf ein paar Flecken zusammengeschrumpft ist. Waasen-Hanság ist eines davon und wurde wegen seiner einzigartigen Natur in den *Nationalpark Neusiedler See – Seewinkel* eingegliedert. Es ist vor allem für Vogelarten wie die *Sumpfohreule*, den Großen *Brachvogel* und die *Großtrappe*, die beim Brüten auf Feuchtgebiete angewiesen sind, von größter Bedeutung. Die rasante Kultivierung ihrer Brutgebiete dezimierte ebenso rasch ihren Bestand und brachte die Vögel auf die Liste der stark bedrohten Arten.

Tour 8 führt Sie um dieses einzigartige Naturschutzgebiet und beginnt in der kleinen Weinbaugemeinde **Sankt Andrä**. Vom Zentrum folgen Sie dem Wegweiser »Wallner, Pamhagen«, der Sie in Richtung Süden aus dem Ort leitet. Nach etwa einem halben Kilometer, bei einem kleinen *Bildstock* am rechten Straßenrand, schwenken Sie nach links auf den Güterweg *Sankt Andrä – Mörkenäcker* ein. Sie

**Unterwegs im Nationalpark Neusiedler See – Seewinkel treffen Sie oft auf traditionelle Hirtenhütten, wie hier am Radweg um die Bewahrungszone Waasen-Hanság.**

radeln nun geradeaus weiter, an Feldern und Weingärten vorbei und biegen kurz nach der schilfgesäumten ***Schoschto Lacke*** nach links ab. Immer an der Südseite der Lacke entlang radelnd, kommen Sie an einem Hochstand vorbei, von dem aus Sie das Schilf überblicken und dabei verschiedene Vögel beobachten können. Rechts von Ihnen ist in weiter Ferne bereits *Tadten* sichtbar. Am Ende einer auffallenden Baumreihe fahren Sie nach rechts direkt nach **Tadten** hinein. Im Ort biegen Sie nach links in die ***Wallernstraße***, später nach rechts in die ***Obere Hauptstraße*** ein, der Sie geradeaus folgen. Von nun leiten Sie die Wegweiser »Nationalpark Neusiedler See – Seewinkel, Bewahrungszone Waasen-Hanság« durch den Ort und auf den asphaltierten ***Güterweg Tadten – Dammweg***. Er führt fast kerzengerade am Westrand der Bewahrungszone entlang bis an die österreichisch-ungarische Grenze. Unterwegs ist es strengstens verboten, von diesem Weg abzuweichen und das Naturschutzgebiet zu betreten, um die gefiederten Bewohner nicht zu stören. Die scheuen Vögel lassen sich auch leichter von den Aussichtstürmen aus beobachten, die entlang des Weges aufgestellt wurden. Ein gutes Fernglas sollte dabei nicht fehlen.

Etwa 9 Kilometer nach *Tadten* stoßen Sie auf die vom ***Einser Kanal*** gebildeten **Staatsgrenze**, an der sich im Oktober 1956 dramatische Szenen abspielten. Rund 180 000 ungarische Staatsbürger flüchteten damals »Hals über Kopf« vor der Roten Armee, die zur Niederschlagung des Volksaufstandes in Ungarn einmaschiert war. Circa 70 000 Flüchtlinge überschritten hier die rot-weiß-rote Grenze auf einer **Einserkanalbrücke**, bis dieser Fluchtweg von der Roten Armee im Zuge der lückenlosen Schließung des »Eisernen Vorhanges« gesprengt wurde. Die tragi-

**Im Seewinkel gibt es zahlreiche Feuchtgebiete, wie die Bewahrungszone Waasen-Hanság. Sie sind von unschätzbarem Wert für die einzigartige Vogelwelt und wahre Eldorados zum Beobachten der gefiederten Bewohner.**

schen Ereignisse an der Grenze im Südosten des ***Seewinkels*** wurden vom amerikanischen Bestsellerautor *James Mitchener*, der 1956 vor Ort war, in seinem Roman *»Die Brücke von Andau«* festgehalten.
40 Jahre nach der Fluchtwelle errichteten österreichische Soldaten eine neue Brücke als Symbol des Friedens, der Toleranz und der guten Nachbarschaft.
An der ***Staatsgrenze*** radeln Sie nach links weiter. Sie überqueren dabei den ***Hottergraben***, biegen kurze Zeit später nach links auf einen asphaltierten Güterweg ein und fahren mit der Grenze im Rücken am Ostrand der Bewahrungszone entlang. Unterwegs säumen Skulpturen den Weg, die von zeitgenössischen Künstlern aus Europa zur Erinnerung an die Massenflucht aufgestellt wurden. Nach etwa sieben Kilometern endet die **»Skulpturenallee«** an einem *Mahnmal*, das dem ungarischen Volksaufstand und dem österreichischen Volk für die Flüchtlingshilfe gewidmet ist. Hier halten Sie sich rechts. Sie radeln nach **Andau** hinein, biegen im Ort nach links in die ***Ödenburger Straße*** ein und fahren geradeaus weiter. Kurz nach dem Reithof stoßen Sie auf einen Radweg neben der Straße, auf dem Sie am ***Andauer Badesee*** vorbeiradeln. Kurz danach biegen Sie nach rechts auf den ***Güterweg Tadten – Unterjoch*** ein. Zwischen Weinkulturen erreichen Sie nach etwa 3 Kilometern eine T-Kreuzung. Sie biegen hier nach links ab, überqueren später geradeaus die ***Landstraße Sankt Andrä – Tadten*** und radeln an der Nordseite der ***Schoschto Lacke*** weiter. An der folgenden T-Kreuzung geht es rechts nach ***Sankt Andrä*** zurück, wo Buschenschenken und Gasthöfe mit regionalen Speisen und Getränken ihren Gaumen verwöhnen.

**Radverleih**
*Sankt Andrä* (0 21 76): Sparmarkt Zicksee, Söllnergasse 4, Tel. 23 47; Campingplatz Zicksee, Tel. 21 29; Verleih Lehner, Badstraße 3, Tel. 25 87.

**Übernachtungen unterwegs**
*Sankt Andrä* (0 21 76): Gasthof Seywerth (preiswert), Hauptstraße 67, Tel. 22 52; Pension Lang (mittel), Tadtner Straße 8, Tel. 23 60.

**Einkehrmöglichkeiten**
*Sankt Andrä*: Gasthof Lunzer; Buschenschank Baar; Heuriger & Café Lendway. *Tadten*: Gasthaus Etl. *Andau*: Gasthaus Beck.

**Öffnungszeiten**
Das Naturschutzgebiet ist frei zugänglich.

**Auskunft**
A-7161 *Sankt Andrä*: Verkehrsamt, Hauptstraße 59, Tel. (0 21 76) 2 30 00. Informationen über das Naturschutzgebiet: Nationalparkbüro in Illmitz, siehe Tour 1.

**Kombinationen**
Mit der Tour 9.

**Landkarten**
»Blatt 79, Neusiedl am See« und »Blatt 109, Pamhagen«, 1 : 50 000, Karten des Bundesamtes für Eich- und Vermessungswesen.

# 9 Badespaß am Zicksee

*Podersdorf – Frauenkirchen – Sankt Andrä – Podersdorf*

**Ausgangsort**
Schiffsanlegestelle Podersdorf. Anreise mit der Fähre von Breitenbrunn oder Rust.

**Zielpunkt**
Podersdorf (Rundtour).

**Gesamttourenlänge**
34 km. Bis auf circa 2,5 km alles asphaltiert.

**Zeitbedarf**
3 bis 3,5 Stunden Radeln, 1 Stunde Besichtigen.

**Etappen**
Podersdorf – Frauenkirchen: 9 km; Frauenkirchen – Sankt Andrä: 12 km; Sankt Andrä – Podersdorf: 13 km.

**Steigungen**
Nahezu eben.

**Geländestruktur**
Ausgedehnte Weinkulturen, Agrarflächen und geschützte Gebiete.

**Sehenswertes**
*Podersdorf*: siehe Tour 1. *Frauenkirchen*: siehe Tour 7.

**Günstigste Jahreszeit**
Mai bis September.

**Varianten**
Siehe Text.

Tour 9 gibt Ihnen die Möglichkeit, dem stark besuchten **Neusiedler See** mal zu entfliehen und trotzdem in kühles Naß einzutauchen. Sie kombiniert Aktivität mit Kultur, Natur und Badespaß, ist aber gleichzeitig auch als Verbindungsradweg zwischen *Podersdorf* und unseren Genußtouren 7 und 8 im *Seewinkel* gedacht.

Von der *Schiffsanlegestelle* durchqueren Sie geradeaus **Podersdorf** auf der *See-*, der *Haupt-* und der *Frauenkirchner Straße*. Kurz vor dem Ortsende fahren Sie halb rechts an einem Bildstock vorbei. Sie gelangen so auf den *Güterweg Podersdorf – Althof* und folgen gleichzeitig dem *Lackenradweg B20*. Er führt Sie geradeaus durch die von Weingärten und kleinen Lacken bedeckte **Podersdorfer Heide** und dann links-rechts-links zur *Jausenstation Althof*, einem angenehmen Radlertreff und beliebten Reitsportzentrum.

Der **Althof** ist der »Knotenpunkt« bei dieser Tour, die über *Frauenkirchen*, *Sankt Andrä* und den *Zicksee* wieder hierher und dann nach *Podersdorf* zurückführt. Sie können diese Tour verkürzen, indem Sie vom *Althof* nur einen Abstecher zum circa 5 Kilometer entfernten *Zicksee*, dem eigentlichen Tourziel, machen. Dazu folgen Sie nach rechts dem *Lackenradweg B20*. Diese **Variante** ist vor allem bei einer Kombination mit unserer Tour 8 um die *Bewahrungszone Waasen-Hanság* anzuraten.

Bei einer Verknüpfung mit unserer Barock-Route (Tour 7) setzen Sie die Fahrt fort nach **Frauenkirchen**. Nach der Bahnüberquerung radeln Sie geradeaus auf der *Tillstraße* in den Ort hinein. Am Ende der Straße biegen Sie nach links in die *Apetloner Straße* ein. Immer geradeaus radelnd, gelangen Sie auf die *Franziskanerstraße* und auf ihr zur **Wallfahrtskirche Frauenkirchen** (Beschreibung siehe Tour 7). Ab der Kirche folgen Sie circa 4 Kilometer der Barock-Tour, die Sie aus dem Ort in Richtung Halbturn leitet. Nach einer auffallenden Baumgruppe in der sonst baumlosen Landschaft und noch vor dem unscheinbaren *Türkenhügel* verlassen Sie nach rechts die Barock-Tour. Sie radeln nun auf einem unasphaltierten

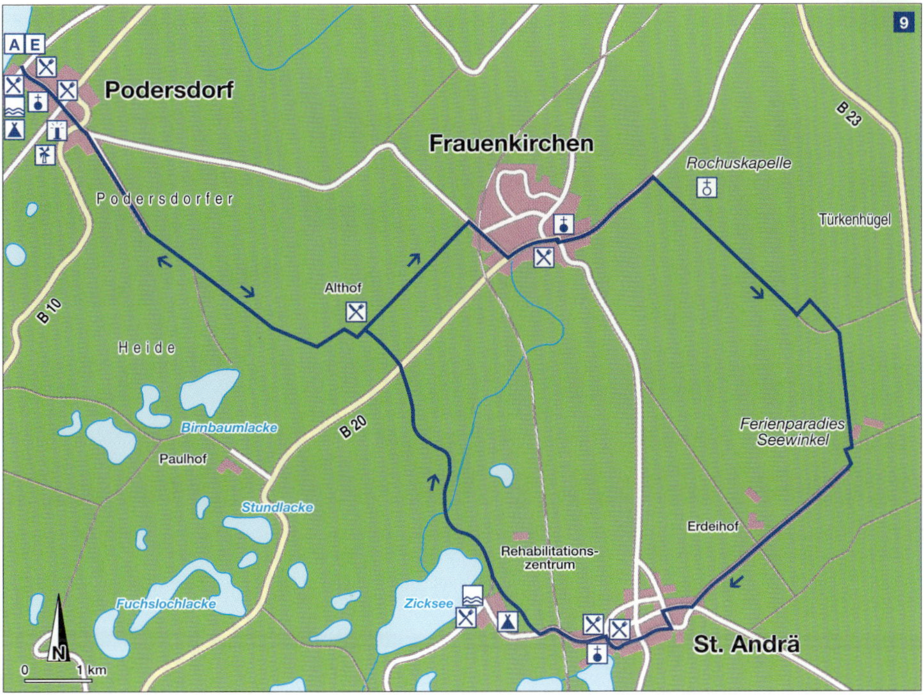


Weg weiter, vorbei an Feldern, Obstgärten und Glashäusern bis zum *Ferienzentrum Westhof*, an dem Sie nach rechts auf einen asphaltierten Güterweg einbiegen. Sie halten sich an der folgenden T-Kreuzung links, biegen kurze Zeit später nach rechts ab und radeln nach **Sankt Andrä**, dem Ausgangspunkt der Tour 8, hinein. Kurz nach den ersten Häusern fahren Sie nach rechts durch die *Tadtner Straße* ins Zentrum. Sie folgen nun den Wegweisern »Zicksee«, die Sie durch die *Hauptstraße*, dann an der Kirche rechts durch die *Kirchen*- und die *Bahngasse* aus dem Ort leiten. Kurz nach der Überquerung der Gleise schlagen Sie nach rechts auf den *Güterweg St. Andrä – Seeäcker* (Wegweiser »Campingplatz«) ein, der Sie direkt zum **Zicksee** bringt. Falls

**Die weißgetünchte Rosaliakapelle wurde auf einer der wenigen Erhebungen im sonst ebenen Seewinkel erbaut.**

**Einkehren darf beim Genußradeln natürlich nicht fehlen, und nach dem Verzehr regionaler Köstlichkeiten lassen sich die Kilometer auch leichter bewältigen.**

Sie hier keinen Stopp einlegen möchten, radeln Sie geradeaus am Campingplatz entlang, der sich am Nordostufer des Sees erstreckt.

Der **Zicksee** erhielt seinen Namen vom ungarischen Wort »Szik«, was etwa »weißblühende Erde« bedeutet. Damit ist das Salz gemeint, das nach einer Austrocknung des untiefen Sees am Boden zurückbleibt. Unter normalen Wetterbedingungen breitet sich der ***Zicksee*** über eine Fläche von circa 180 Hektar aus. Seinem salzhaltigen Wasser wird Heilkraft zugeschrieben, aber die Badefans kommen nicht hierher, um zu kuren, sondern vielmehr, um sich im angenehmen Wasser zu entspannen. Die Gasthöfe und Restaurants um den See runden den Badeaufenthalt mit Kulinarischem ab.

Nach dem Campingplatz am ***Zicksee*** geht es links-rechts weiter. Sie fahren dabei bereits auf dem ***Lackenradweg B20***, der Sie quer durch das ***Fuchsenfeld*** in Richtung Neusiedler See führt. Nach der Überquerung der Landstraße Frauenkirchen – Apetlon fahren Sie direkt auf die ***Jausenstation Althof*** zu, an der Sie links nach ***Podersdorf*** zurückgelangen.

**Radverleih**
*Podersdorf*: siehe Tour 1.

**Übernachtungen unterwegs**
*Podersdorf*: siehe Tour 4. *Frauenkirchen*: siehe Tour 7. *Sankt Andrä*: siehe Tour 8.

**Einkehrmöglichkeiten**
*Podersdorf*: siehe Tour 1. *Frauenkirchen*: siehe Tour 7. *Sankt Andrä*: siehe Tour 8. *Zicksee*: Pizzeria Zu den Zeiselbären; Gasthaus Seeblick; Restaurant Pannonia.

**Auskunft**
*Podersdorf*: siehe Tour 1. *Frauenkirchen*: siehe Tour 7. *Sankt Andrä*: siehe Tour 8.

**Kombinationen**
Mit den Touren 7 und 8.

**Landkarten**
»Blatt 79, Neusiedl am See«, 1 : 50 000, Karte des Bundesamtes für Eich- und Vermessungswesen.

# 10 Durch das Naturschutzgebiet Lange Lacke

*Schiffsanlegestelle Illmitz – Herrnsee – Kirchsee – Illmitz – Lange Lacke – Apetlon – Illmitz*

**Ausgangsort**
Schiffsanlegestelle Illmitz. Anreise mit der Fähre von Mörbisch oder Rust oder mit dem (Rad) Bus von vielen Orten am Neusiedler See.

**Zielpunkt**
Illmitz (Rundtour).

**Gesamttourenlänge**
30 km, davon ein Drittel asphaltiert.

**Zeitbedarf**
3 bis 4 Stunden Radeln. Besichtigen: je nach Lust und Laune.

**Etappen**
Schiffsanlegestelle Illmitz – Herrnsee – Illmitz: 8,5 km; Illmitz – Lange Lacke: 7 km; Lange Lacke – Apetlon: 11 km; Apetlon – Illmitz (Zentrum): 3,5 km.

**Steigungen**
Nahezu eben.

**Geländestruktur**
Flache, ausgedehnte Weingärten und Naturschutzgebiete um die Lacken.

**Sehenswertes**
*Illmitz*: Seemuseum; Naturschutzgebiete Sandeck-Neudegg, Pfarrwiese und Lange Lacke; Informationszentrum des World Wildlife Fund for Nature (WWF); Naturlehrpfad.

**Günstigste Jahreszeit**
Frühling und Herbst.

**Zu beachten**
Vögel lassen sich am besten frühmorgens oder am späten Nachmittag beobachten.

**Varianten**
Von der Anlegestelle geradeaus nach Illmitz – verkürzt die Tour um etwa 3,5 km. Lange Lacke: siehe Text.

**Eignung für Kinder**
Für Kinder besonders geeignete Tour.

Das Steppengebiet um **Illmitz** ist mit zahlreichen ***Lacken*** übersäht, die in der jüngsten Eiszeit entstanden. Schwere Eisklumpen gruben sich damals in den harten Boden und hinterließen nach ihrer Abschmelzung flache Mulden, die sich nach Regenfällen mit Wasser füllten. Regenwasser ist auch die einzige Quelle dieser seichten, salzhaltigen Seen, von denen einige nur periodisch, andere wiederum das ganze Jahr hindurch anzutreffen sind. Nach einer langen Trockenperiode kann es schon mal vorkommen, daß Sie statt einer Lacke lediglich eine mit Salzkristallen überzogene Mulde vorfinden. Auf den ersten Blick scheinen die Lacken kaum für Leben geeignet zu sein. Fische sind im Wasser auch nicht anzutreffen. Doch für die Vogelwelt sind sie optimale Brutplätze oder einfach nur Zwischenstationen. Jedes Jahr im Frühling und im Herbst tanken in den Lacken unzählige Zugvögel auf ihrem Weg nach Norden bzw. nach Süden neue Kraft.
Etwas Zeit, Geduld und natürlich ein gutes Fernglas sollten Sie bei dieser Tour mitbringen, damit Sie die Vögel in aller Ruhe beobachten können. Vor allem am frühen Morgen und am späten Nachmittag haben Sie dazu die beste Gelegenheit.
Um mehr über die gefiederten Bewohner der Lacken zu erfahren, sollten Sie einen Blick in das **Seemuseum** nahe der ***Schiffsanlegestelle Illmitz***, dem Ausgangspunkt dieser Tour, werfen. Danach radeln Sie auf einem Radweg quer durch den breiten Schilfgürtel in Richtung *Illmitz*. Nach etwa 1,5 Kilometern biegen Sie nach rechts zum **Herrnsee** ab (Wegweiser »Lackenradweg B20«). Entlang von Weingärten an der linken und dem Schilfgürtel an der rechten Seite erreichen Sie einen alten ungarischen ***Grenzwachturm***, der bis 1993 noch in Verwendung war. Nach seiner Restaurierung erhielt der

Ein sehr breiter, mit vielen Kanälen durchzogener Schilfgürtel trennt die Schiffsanlegestelle und das Strandbad Illmitz vom gleichnamigen Ferienort.

**Eine Kutschenfahrt ist sicher eine willkommene und lustige Abwechslung zum Radeln, vor allem für Kinder. So läßt sich die Gegend auch mal ohne Anstrengung genießen.**

16 Meter hohe Holzturm eine neue Funktion als Aussichtsplattform, von der aus Sie freie Sicht auf den *Neusiedler See* und auf die **Bewahrungszone Sandeck-Neudegg**, die sich entlang des Seeufers nach Süden hin erstreckt, haben.
Beim Wachturm macht der Radweg eine Linkskurve. Auf einem holprigen Weg radeln Sie dann immer geradeaus auf **Illmitz** zu. An den ersten Häusern halten Sie sich links, später rechts und kommen so an der Südseite des **Kirchsees** entlang, wo eine große Steintafel über den See und die Ortsgeschichte informiert. Danach geht es rechts-links ins übersichtliche Ortszentrum hinein. Von nun an folgen Sie stets dem *Lackenradweg B20*, der Sie durch das Zentrum hindurch und durch die *Feldgasse* aus dem Ort in Richtung Norden leitet. Sie radeln kurz nach dem Ortsrand am **Vogelschutzgebiet Pfarrwiesen** entlang, passieren später den *Apetloner Badesee* und radeln dann in einen Bogen nach rechts weiter. Etwa einen Kilometer nach dem Badesee treffen Sie beim **Warmsee** (auch Darscholacke) auf die *Straße Apetlon – Frauenkirchen*. Sie überqueren schräg nach links die Straße und radeln danach auf dem *Lackenradweg B20* geradewegs auf den Nordwestzipfel der *Langen Lacke* zu.
Ein Blick auf die Landkarte zeigt, daß die schilfgesäumte **Lange Lacke** die größte im *Seewinkel* ist. Um sie breitet sich die sogenannte *Pußta* aus. Der Boden dieser weiten, fast baumlosen Steppenlandschaft läßt sich mit schweren Maschinen nicht bearbeiten. Man setzt deshalb Rinder ein, die jedes Jahr zwischen Mai und Oktober für ein natürliches Gleichgewicht sorgen. Das robuste ungarische *Graurind* ist dafür besonders gut geeignet. Früher waren riesige Graurinderherden und ihre Hirten etwas Alltägliches in der Pußta,

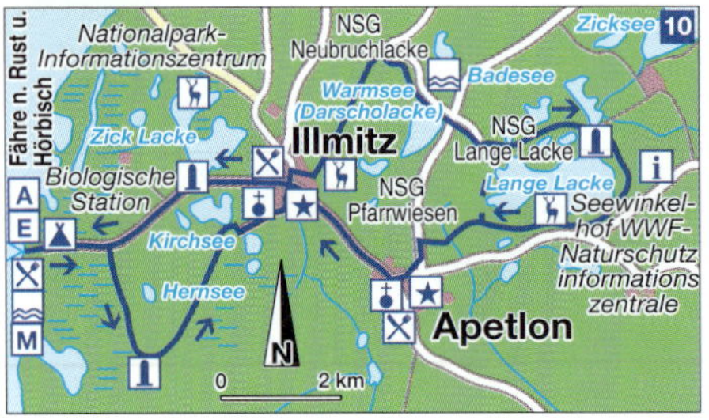


woran noch die typischen Ziehbrunnen erinnern. Heute trifft man nur noch selten auf große Herden, denn – so unglaublich es auch klingen mag – Graurinder gehören mittlerweile zu den bedrohten Tierarten.

Am Nordwestzipfel der *Langen Lacke* können Sie diese Tour um etwa 10 Kilometer abkürzen, was vor allem mit jüngeren Kindern anzuraten ist. Sie radeln dazu nach rechts weiter und treffen an der ersten Abzweigung (rechts halten) wieder auf diese Tour. Ansonsten folgen Sie nach links dem *Lackenradweg B20*. Sie radeln dann am Nordufer entlang und stoßen am Ostufer an eine Kreuzung: Hier geht es nach links zum *Zicksee* (siehe Tour 9), geradeaus nach *Sankt Andrä* (siehe Tour 8). Sie ignorieren beide Wege, biegen nach rechts auf einen unasphaltierten Weg ein (»Nur für Radfahrer und Fuhrwerke«) und radeln auf ihm in Richtung Südufer weiter. Unterwegs erblicken Sie links vor Ihnen den **Seewinkelhof**. In diesem ehemaligen Bauernhof ist das Informationszentrum des World Wildlife Fund for Nature (WWF) und eine sehenswerte Ausstellung über die regionale Flora und Fauna untergebracht. Nahe dem WWF-Zentrum stoßen Sie auf die ***Güterstraße Apetlon – Sankt Andrä***, die links zum Seewinkelhof führt. Sie fahren nach rechts über einen Kiesweg am Südufer der *Langen Lacke* entlang zur Kassa. Hier halten Sie sich rechts, biegen bei der nächsten Möglichkeit nach links ab und kehren dabei der Lacke den Rücken. Immer geradeaus radelnd, stoßen Sie auf die ***Güterstraße Apetlon – Frauenkirchen***, auf der Sie links nach **Apetlon** gelangen. Bereits nach 300 Metern erreichen Sie die ersten Häuser des Ortes, wo Sie rechts durch die *Triftgasse*, später durch die *Wallerner Straße* weiterradeln. An der Kreuzung mit der *Illmitzer Straße* biegen Sie nach rechts ab; links geht es in das Zentrum hinein. Auf der Straße, später auf einem Radweg neben ihr fahren Sie nach **Illmitz** (3,5 km) zurück und weiter zur Schiffsanlegestelle. Unterwegs zur Anlegestelle können Sie noch einen Abstecher zur **Biologischen Station** machen, wo ein ***Naturlehrpfad*** mit Schautafeln über die regionale Fauna und Flora informiert.

**Radverleih**
*Illmitz* (0 21 75): Polay, Florianigasse 5, Tel. 2 41 92; Lehmann, Schnellgasse 40, Tel. 27 82; Mürner, Friedhofgasse 5, Tel. 27 56, und Obere Hauptstraße 56, Tel. 32 14.

**Übernachtungen unterwegs**
*Illmitz* und *Apetlon*: siehe Tour 1.

**Einkehrmöglichkeiten**
*Illmitz* und *Apetlon*: siehe Tour 1.

**Öffnungszeiten**
*Illmitz*: Seemuseum, April bis Oktober, täglich 10–18 Uhr; Informationszentrum des World Wildlife Fund for Nature (WWF), April bis Oktober, täglich 9–17 Uhr.

**Auskunft**
*Illmitz* und *Apetlon*: siehe Tour 1.

**Kombinationen**
Mit der Tour 1.

**Landkarten**
»Blatt 78, Eisenstadt« und »Blatt 79, Neusiedl am See«, 1 : 50 000, Karten des Bundesamtes für Eich- und Vermessungswesen.

# Eisenstadt und Umland

## 11 Am Fuße des Leithagebirges

*Eisenstadt – Schützen am Gebirge – Donnerskirchen – Purbach – Breitenbrunn*

**Ausgangsort**
Bahnhof Eisenstadt. Anreise mit der Bahn von Neusiedl oder mit dem Bus von vielen umliegenden Orten.

**Zielpunkt**
Breitenbrunn. Zurück mit der Bahn oder dem Bus.

**Gesamttourenlänge**
28 km, alles asphaltiert.

**Zeitbedarf**
3 Stunden Radeln, 1,5 Stunden Besichtigen.

**Etappen**
Eisenstadt – Donnerskirchen: 17 km; Donnerskirchen – Breitenbrunn: 11 km.

**Steigungen**
Außer einer kurzen Steigung in Donnerskirchen nahezu eben.

**Geländestruktur**
Großflächige Weinkulturen beidseitig des Weges.

**Sehenswertes**
*Eisenstadt*: siehe Tour 13. *Donnerskirchen*: Martinskirche. *Purbach*: siehe Tour 3. *Breitenbrunn*: siehe Tour 4.

**Günstigste Jahreszeit**
Frühling.

**Varianten**
Tour in Gegenrichtung.

Circa 15 Radkilometer westlich des ***Neusiedler Sees*** liegt die burgenländische Hauptstadt **Eisenstadt**. Die sehenswerte Kleinstadt (siehe Tour 13) ist der Ausgangs- und/oder Zielpunkt unserer Genußtouren 11 bis 16 durch das Gebiet zwischen dem ***Neusiedler See*** und dem fast 500 Meter hohen ***Leithagebirge***. Die erste Tour führt Sie von der Landeshauptstadt in die **»Kirschblütenregion«** zwischen *Donnerskirchen* und ***Breitenbrunn***. Jedes Jahr im Frühling gleicht die Region einem Meer von weiß-rosa Blüten, die mit heranreifenden Weintrauben und den bewaldeten Hängen des Gebirges kontrastieren. Dazwischen liegen traditionelle Weinbaugemeinden mit alten Weinkellern, die zu romantischen Heurigenschenken umgebaut wurden. Während Sie an Kellern, Kirsch- und Traubenkulturen vorbeiradeln, haben Sie fast ständig freie Sicht auf den ***Neusiedler See***. Unterwegs treffen Sie oft auf Holztafeln mit der Aufschrift »Ausg'steckt is'«. An diesen mit Tannenzweigen, roten und/oder weißen Lampen geschmückten Tafeln steht angeschrieben, welche Heurigenschenke gerade geöffnet ist – eine gute Gelegenheit, um den Füßen mal eine Pause zu gönnen und hausgemachte Speisen und regionale Weine zu probieren.
Bevor es soweit ist, müssen Sie zunächst mal einige Kilometer in die Pedale treten. An der Rückseite des ***Bahnhofes Eisenstadt*** überqueren Sie die Gleise. Einen offiziellen Übergang gibt es nicht, doch wegen des geringen Bahnverkehrs ist die Überquerung eher ungefährlich, und Sie ersparen sich außerdem einen langen Umweg über verkehrsreiche Straßen. Sie radeln danach links an den Gleisen entlang, folgen dabei dem ***Radweg B50*** und biegen einige Meter später nach rechts in den ***Güterweg Eisenstadt – Kirchäcker*** ein. Nach etwa einem halben Kilometer

# 11 Am Fuße des Leithagebirges

**Entlang dem »Kirschblüten-Radweg« am Fuße des Leithagebirges treffen Sie vor Purbach auf eine alte Kapelle, von der nur die Front erhalten geblieben ist.**

**Das Ortsbild von Donnerskirchen wird eindeutig von der erhöht liegenden Martinskirche bestimmt, von der aus Sie einen herrlichen Blick auf den Neusiedler See haben.**

verlassen Sie vorerst den Radweg, der nach links abzweigt. Sie überqueren geradeaus den *Krautgartenweg* und später auf dem *Güterweg Eisenstadt–Landäcker* die Autobahnzufahrt. Nachdem Sie von der Brücke hinuntergerollt sind, folgen Sie nach rechts dem Weg neben einer Baumreihe, auf dem Sie die Bahn und die *Bundesstraße 50* unterqueren. Gleich danach treffen Sie wieder auf den *Radweg B50*, dem Sie nach rechts folgen. Er leitet Sie circa 3 Kilometer an der Bundesstraße, dann links-rechts an Weingärten und später am Rand von **Schützen am Gebirge** entlang.

*Schützen*, das sich an Ihrer rechten Seite ausbreitet, kann mit keinen sehenswerten Höhepunkten aufwarten. Dafür gibt es im Zentrum das Restaurant *Taubenkobel*, das zu den besten Gourmettempeln im

Burgenland gehört. Kurz nach dem Ort gelangen Sie auf dem *Radweg B50* wieder zur *Bundesstraße 50* zurück, der Sie nach links auf einem Güterweg folgen. Nach etwa 2,5 Kilometern, vor dem *Wolfsbrunnbach*, biegen Sie links nach **Donnerskirchen** ab (Wegweiser »Campingplatz«). Unterwegs fällt der Blick automatisch auf die hoch über dem Ort thronende **Martinskirche**. Das Gotteshaus wurde 1676 im Auftrag der Esterházys an Stelle einer mittelalterlichen Kirche erbaut, an die heute noch die Wehrmauern und die Fresken erinnern. Ein Besuch der Kirche lohnt sich schon wegen der herrlichen Aussicht auf den *Neusiedler See*, *Donnerskirchen* und auf die nördlich davon liegende **»Kirschblütenregion«**. In der Nähe der *Martinskirche* kamen bei Ausgrabungen keltische Weinkrüge und Trinkbecher zum Vorschein. Sie weisen auf eine uralte Weinbautradition in dieser Region hin, während die denkmalgeschützten Kellergassen in *Donnerskirchen*, *Purbach* und in *Breitenbrunn* jüngere Zeugen der Weinkultur sind.

Beim *Campingplatz* am Ortsrand von *Donnerskirchen* radeln Sie nach rechts durch die *Badstraße* ins Zentrum, wo Sie den *Kirchenplatz* geradeaus überqueren. Von nun an können Sie sich an den Wegweisern »Kirschenblütenradweg B12« orientieren, die Sie unterhalb der *Martinskirche* aus dem Ort hinaus und am Fuße des *Leithagebirges* entlang nach **Purbach** leiten. Kurz vor dem Ort passieren Sie die Reste einer *Kapelle*, an der nach links ein Weg zum *Restaurant Am Spitz* abzweigt. Der Radweg führt rechts nach *Purbach* hinein, wo Sie auf jeden Fall einen Abstecher in den historischen Ortskern machen sollten (Beschreibung siehe Tour 3), und dann weiter nach **Breitenbrunn**, dem Endpunkt dieser Tour. Hier radeln Sie an romantischen Weinkellern entlang zur *Eisenstädter Straße*, der Sie nach links folgen. Beim **Türkenturm** biegen Sie nach rechts in den alten Ortskern ab (Beschreibung siehe Tour 4), den Sie in Richtung Bahnhof bzw. *Neusiedler See* wieder verlassen. Sie passieren dabei am Ortsrand die **Pfarrkirche Zur heiligen Kunigunde** und stoßen kurz vor dem Bahnhof auf den *Neusiedler-See-Radweg B10*, der links um den Nordzipfel des Sees nach *Podersdorf* (siehe Tour 4), rechts nach *Mörbisch* (siehe Tour 3) führt. Bei der letzten Variante treffen Sie südlich von *Donnerskirchen* auf den bei der Hinfahrt benutzten Radweg.

**Radverleih**
*Eisenstadt* (0 26 82): Bahnhof, Tel. 6 26 37. *Donnerskirchen* (0 26 83): Schemitz, Hauptstraße 66, Tel. 85 06; Tourismusverband, Badstraße, Tel. 86 70.

**Übernachtungen unterwegs**
*Eisenstadt*: siehe Tour 13. *Donnerskirchen* (0 26 83): Pension Terrassencafé (mittel), Keltenweg 3, Tel. 86 80; Gästehaus Marina (preiswert), Hofsatz 1, Tel. 86 06. *Purbach* und *Breitenbrunn*: siehe Tour 3.

**Einkehrmöglichkeiten**
*Schützen am Gebirge*: Restaurant Taubenkobel. *Donnerskirchen*: Terrassencafé; Heurigenstube Striok. *Purbach*: siehe Tour 3. *Breitenbrunn*: siehe Tour 4.

**Auskunft**
A-7000 *Eisenstadt*: Verkehrsbüro, Schloß Esterházy, Tel. (0 26 82)6 33 84 16. A-7082 *Donnerskirchen*: Tourismusbüro, Hauptstraße 29, Tel. (0 26 83)85 41. A-7083 *Purbach*, Hauptstraße 38, Tel. (0 26 83)59 20.

**Kombinationen**
Mit den Touren 3 (in Gegenrichtung) und 4.

**Landkarten**
»Blatt 78, Eisenstadt«, 1 : 50 000, Karte des Bundesamtes für Eich- und Vermessungswesen.

## 12 Zum Steinbrunner und Neufelder See

*Eisenstadt – Wulkaprodersdorf – Hirm – Zillingtal – Steinbrunner See – Neufeld an der Leitha*

**Ausgangsort**
Bahnhof Eisenstadt. Anreise: siehe Tour 11.

**Zielpunkt**
Neufeld an der Leitha. Zurück mit dem Bus oder mit dem Rad (siehe Tour 13).

**Gesamttourenlänge**
27 km, alles asphaltiert.

**Zeitbedarf**
2,5 bis 3 Stunden Radeln.

**Etappen**
Eisenstadt – Hirm: 12 km; Hirm – Neufeld an der Leitha: 15 km.

**Steigungen**
71 Höhenmeter.

**Geländestruktur**
Offenes Agrarland und Weingärten auf der ersten, leicht hügeliges Gelände auf der zweiten Etappe.

**Sehenswertes**
*Eisenstadt*: siehe Tour 13.

**Günstigste Jahreszeit**
Mai bis September.

**Varianten**
Tour in Gegenrichtung.

Östlich von ***Eisenstadt***, an der burgenländisch-niederösterreichischen Grenze, breiten sich in ehemaligen Bergwerken der **Steinbrunner See** und der **Neufelder See** aus. Die beiden kleinen Badeseen können mit dem ***Neusiedler See*** keineswegs konkurrieren und sind bei ausländischen Touristen auch weniger bekannt. Diesen »Geheimtips« begegnen Sie auf dieser Radtour quer durch ein ländliches Gebiet, das von Weingärten, Getreide-, Mais- und Sonnenblumenfeldern überzogen ist. Bis auf kurze Steigungen rund um den Steinbrunner See verläuft die Tour auf ebenen Güterwegen und verkehrsarmen Landstraßen. Unterwegs stoßen Sie auf den ***»Leitharadweg B11«***, der sowohl bei der Hinfahrt als auch bei der Rückfahrt (siehe Tour 13) benutzt wird.

An der Rückseite des ***Bahnhofes Eisenstadt*** überqueren Sie die Gleise, denen Sie dann nach rechts folgen. Sie radeln nun auf dem ***Radweg B50***, überqueren die ***Ruster Straße*** (Vorsicht!) und biegen nach links auf den Radweg neben der Straße ein. An seinem Ende durchqueren Sie nach rechts das Industriegelände von Eisenstadt. Sie queren dabei die Bahn, radeln nach links weiter und treffen bei einem Baumarkt auf die ***Bundestraße 50***. Kurz davor geht es links zu einem Güterweg neben der Bundesstraße hinunter, auf dem Sie später die ***Autobahn A3*** unterqueren. Etwa 1,5 Kilometer danach überqueren Sie nach links die Gleise. Sie lassen den Verkehrslärm nun hinter sich, radeln nach rechts kurz an den Gleisen entlang und dann nach links bis an die Kreuzung vor der ***Pielermühle***.

Hier radeln Sie rechts nach **Wulkaprodersdorf** hinein, das sich am Ufer der ***Wulka*** erstreckt. Es ist eines von vielen burgenländischen Dörfern, in denen der kroatische Einfluß vor allem in der Sprache deutlich zu spüren ist. Auf der Flucht vor den Türken siedelten sich Kroaten im 16. Jahrhundert entlang der heutigen österreichisch-ungarischen Grenze an. Angeworben wurden sie von den Gutsherrn im Grenzgebiet, die nach den verwüstenden Türkenkriegen dringend Landarbeiter benötigten.

Bildstöcke sind nicht nur bemerkenswerte Kunstwerke, sondern gleichzeitig auch gute Orientierungspunkte.

An der *Wiener Straße* in *Wulkaprodersdorf* ignorieren Sie den Radweg B50, der nach links in Richtung Mattersburg abzweigt (siehe Tour 16). Sie überqueren die Straße (Vorsicht!) und durchqueren geradeaus den Ort. An der Gabelung am Ortsende halten Sie sich rechts. Sie radeln rechts am Friedhof vorbei, überqueren zweimal die Gleise und unterqueren auf dem ***Güterweg Wulkaprodersdorf – Föllig*** die ***Bundesstraße 50***. Nachdem Sie rechts an einer Holzkapelle vorbeigeradelt sind, fahren Sie unter der Autobahn hindurch, der Sie nach links auf einem Güterweg folgen. Nach einer kurzen Steigung entlang der Autobahnzufahrt bzw. -abfahrt rollen Sie zum ***Sulzbach*** hinunter, dem Sie nach links folgen. An nächsten Kreuzung geht es rechts über den ***Sulzbach*** nach **Hirm**, einem kleinen, gepflegten Dorf, dessen wirtschaftliche Entwicklung durch die Zuckerindustrie begünstigt wurde. Sie radeln rechts an der Kirche vorbei, biegen beim ***Gasthaus Wiesinger*** nach rechts ab und radeln immer geradeaus weiter nach *Zillingtal*. Unterwegs dorthin erblicken Sie rechts in weiter Ferne die Silhouette von ***Eisenstadt*** und den ***Föllig***, an dessem Südhang eine Müllentsorgungsanlage Spuren hinterlassen hat.

In **Zillingtal** fahren Sie an der Kreuzung im Zentrum nach rechts, dann links durch die ***Hauptstraße*** weiter. Kurz danach treffen Sie auf den lückenlos ausgeschilderten ***Leitharadweg B11***, der Sie sowohl nach rechts als auch geradeaus zum ***Steinbrunner See*** leitet. Beide Varianten führen

Die nahezu lückenlose Ausschilderung des Leitharadweges erspart so manchen Blick auf die Radwanderkarte.

über kurze, aber starke Steigungen und treffen kurz vor dem See wieder zusammen. Ab hier radeln Sie geradewegs durch eine Siedlung auf den fast kreisrunden **Steinbrunner See** zu, um den sich Wochenendhäuser, Liegewiesen und verschiedene Einkehrmöglichkeiten gruppieren. Wer hier keinen Stopp einlegen möchte, folgt weiterhin dem *Radweg B11*. Er führt nach links an der Siedlung entlang und bietet Ihnen dabei freie Sicht auf *Wiener Neustadt* (siehe Tour 18), die *Raxalpe* und den *Schneeberg*, die auf niederösterreichischem Boden gen Himmel ragen. Sobald die verkehrsreiche Straße nach *Wiener Neustadt* in Sicht kommt, biegen Sie nach rechts in die *Berggasse* ab. Sie radeln dann am **Zillingdorfer Bergwerksee** entlang, der sich hinter Wochenendhäusern versteckt und so Ihrem Blick entzogen wird. Die Radwegtafeln leiten Sie dann zur und durch die *Seestraße*. An ihrem Ende fahren Sie nach links zwischen den Verkehrszeichen »Wohngebiet« weiter. Sie gelangen so zu einem kurzen, unasphaltierten Radweg und auf ihm zu einem *Tennisplatz*, an dem Sie nach links abbiegen. Von nun an folgen Sie stets dem *Radweg B11* bis nach **Neufeld an der Leitha**, einem angenehmen Städtchen, dessen Wurzeln in einer Judensiedlung aus dem 17. Jahrhundert verankert sind. *Neufeld* liegt noch auf burgenländischem Boden und wuchs dank des **Neufelder Sees** zu einem beliebten Ziel für Tagestouristen heran. Unterwegs dorthin radeln Sie kurz an der *Leitha*, dem Grenzfluß zwischen dem Burgenland und Niederösterreich, entlang. An der *Waldkapelle* halten Sie sich rechts. Sie kommen am Friedhof vorbei und erreichen die Hauptstraße von *Neufeld*, die Sie geradeaus überqueren. Nach wenigen Metern biegen Sie nach rechts in die *Bahnhofstraße* ein. Immer geradeaus radelnd, kommen Sie am *Bahnhof* vorbei. Kurz danach gelangen Sie auf einen Radweg. Er führt nach links zum **Neufelder See**, an dessen Südufer das *Seerestaurant Wallner* mit Fischgerichten und regionalen Köstlichkeiten für einen optimalen Ausklang dieser Tour sorgt.

**Radverleih**
*Eisenstadt*: siehe Tour 11.

**Übernachtungen unterwegs**
*Eisenstadt*: siehe Tour 13. Neufeld an der *Leitha*: Landgasthof Zur Post (mittel), Landegger Straße 4, Tel. (0 26 24)5 27 11.

**Einkehrmöglichkeiten**
*Hirm*: Gasthaus Wiesinger; Tennisschenke; Wutzi's Bier Pub. *Zillingdorf-Bergwerk*: Gasthaus Zum Bären. *Neufeld an der Leitha*: Seerestaurant Wallner; Landgasthof Zur Post.

**Auskunft**
*Eisenstadt*: siehe Tour 11. A-2491 *Neufeld an der Leitha*: Gemeindeamt, Hauptstraße 55, Tel. (0 26 24)5 23 20.

**Kombinationen**
Mit der Tour 13.

**Landkarten**
»Blatt 77, Eisenstadt«, 1 : 50 000, Karte des Bundesamtes für Eich- und Vermessungswesen.

# 13 Vom Neufelder See nach Eisenstadt

*Neufeld an der Leitha – Hornstein – Steinbrunn – Großhöflein – Kleinhöflein – Eisenstadt*

**Ausgangsort**
Bahnhof Neufeld. Anreise mit der Bahn von Wulkaprodersdorf, mit dem Bus oder dem Rad von Eisenstadt (siehe Tour 12).

**Zielpunkt**
Eisenstadt, Zentrum. Zurück mit dem Bus oder der Bahn (Umsteigen in Wulkaprodersdorf).

**Gesamttourenlänge**
32 km. Bis auf circa 3 km alles asphaltiert.

**Zeitbedarf**
3 Stunden Radeln, 10 Minuten Schieben, 3 bis 4 Stunden Besichtigen.

**Etappen**
Neufeld an der Leitha – Steinbrunn: 15 km; Steinbrunn – Eisenstadt: 17 km.

**Steigungen**
42 Höhenmeter auf der ersten, 81 Höhenmeter auf der zweiten Etappe.

**Geländestruktur**
Ebenes Agrargelände und leicht hügeliges Weinbaugebiet um die Orte.

**Sehenswertes**
*Großhöflein*: Pfarrkirche. *Eisenstadt*: Altstadt (siehe Text).

**Günstigste Jahreszeit**
Mai bis September.

**Varianten**
Tour in Gegenrichtung.

Genußtour 13 verbindet den **Neufelder See** mit **Eisenstadt** und läßt sich dadurch zu einer Rundtour mit der Tour 12 verknüpfen (insgesamt 59 km).
Sie verlassen den *Bahnhof Neufeld* nach links durch die *Bahnhofstraße*. Am Ende der Straße biegen Sie nach links auf den Radweg ein. Er führt Sie am *Seestaurant Wallner* vorbei zum öffentlichen Strandbad am Südufer des *Neufelder Sees*. Nur an dieser Stelle haben Sie freie Sicht auf den Badesee. Die anderen Ufer sind von Ferien- und Wohnhäusern verbaut. Der Radweg endet an einem großen Parkplatz, den Sie schräg nach links überqueren (Vorsicht!). Sie gelangen so zu einem Rad- und Fußweg neben den Häusern, dem Sie geradeaus folgen. Sie biegen nach links ab und radeln nach einer Rechtskurve durch die *Hornsteiner Seesiedlung* hindurch. Am Ende der Straße treffen Sie auf den lückenlos ausgeschilderten *Leitharadweg B11*, der Sie rechts-links und dann unter der *Autobahn A3* hindurch nach **Hornstein** leitet. Die kleine Weinbaugemeinde erstreckt sich am Fuße des 484 Meter hohen *Sonnenberges*, der höchsten Erhebung des *Leithagebirges*. Nach einer kurzen Steigung durch die Hornsteiner Weingärten stoßen Sie im Ort auf die *Bundesstraße 16* und auf eine *Tankstelle*, an der die Tour rechts-links weiterführt (Wegweiser »Loretto«). Von nun an leiten Sie die Wegweiser des Leitharadweges im Zickzack durch den Ort, vorbei an einigen Einkehrmöglichkeiten und denkmalgeschützten Bauwerken zur Autobahn zurück.
Sie überqueren nach rechts die *Autobahn A3* und biegen gleich nach der Brücke links auf einen Güterweg hinein (Wegweiser »Schießplatz Steinbrunn«). Auf ihm erreichen Sie nach einer kurzen Steigung **Steinbrunn**. Falls Sie den *Steinbrunner See* (siehe Tour 12) besuchen möchten, folgen Sie weiterhin dem Radweg B11. Ansonsten radeln Sie am Ortsrand an der ersten Möglichkeit nach links zur Landstraße, der Sie nach links circa 2 Kilometer lang folgen. Vor der Autobahn biegen Sie nach rechts auf einen etwas holprigen

**Bei einem Spaziergang durch den weitläufigen Schloßpark in Eisenstadt passieren Sie den auf einem Felsen errichteten neoklassizistischen Leopoldinentempel.**

Güterweg ein, der Sie circa 1,5 Kilometer entlang der Autobahn und dann nach rechts mit einer kurzen Steigung zum Wald am Nordhang des **Fölligs** leitet. Sie radeln nach links am Waldrand entlang und haben dabei einen herrlichen Ausblick auf die bewaldeten Hänge des Leithagebirges, ausgedehnte Weinkulturen und die Silhouetten unserer nächsten Ziele: ***Groß-*** und ***Kleinhöflein*** sowie ***Eisenstadt***. An der T-Kreuzung am Waldende spüren Sie wieder Asphalt unter den Rädern. Sie biegen hier nach links ab, können dann das Rad über die Gleise und die Auto-

# 13 Vom Neufelder See nach Eisenstadt

**Wahrzeichen und Hauptattraktion Eisenstadts: das Schloß Esterházy, das jahrhundertelang die Hauptresidenz dieses bedeutenden Fürstengeschlechts war.**

bahn nach **Großhöflein** hinunterrollen lassen und radeln geradeaus in den Ort hinein. An einer kleinen Kirche biegen Sie nach links in die *Hauptstraße* ein. An ihrem Ende stoßen Sie auf die gotisch-barocke **Pfarrkirche**, an der Sie rechts durch die *Kirchengasse* bis zur *Bundesstraße 59* weiterfahren. Ihr folgen Sie

nach rechts auf einem holprigen Weg, der am Beginn von **Kleinhöflein**, einem traditionellen Weinort, endet. Hier müssen Sie ein paar Meter auf der Bundesstraße weiterradeln, die Sie nach rechts durch die *Kleinhöfleiner Hauptstraße* wieder verlassen. Sie radeln danach links durch die *Teichgasse*, dann ein kurzes Stück durch die *Kodaschgasse* und biegen an einem Bildstock nach rechts in die *Kirchberggasse* ein. An der Kirche radeln Sie rechts vorbei und stoßen auf einen Friedhof, den Sie nach links auf einem schmalen Steg umgehen. Sie gelangen so in die *Kirchengasse*, der Sie nach links, später rechts-links folgen. Die Gasse führt Sie direkt nach *Oberberg*, einem Ortsteil der burgenländischen Hauptstadt **Eisenstadt**. Direkt am Radweg erhebt sich der künstlich angelegte *Kalvarienberg*, die *Gnadenkapelle* und die **Bergkirche**, die

zusammen ein imposantes und harmonisches Bauwerk im Barockstil bilden. Der *Kreuzgang* und das *Haydn-Mausoleum* im Kircheninneren sind eine kurze Besichtigung wert.
Vom barocken Bauwerk radeln Sie rechts durch die *Esterházystraße* in das Zentrum der Landeshauptstadt hinunter. Hinter der linken Häuserzeile versteckt sich das **Jüdische Museum** und das **Burgenländische Landesmuseum**. Nach einer kurzen Fahrt erreichen Sie das ockergelbe **Schloß Esterházy**, benannt nach einer ungarischen Fürstenfamilie, die sowohl die Geschichte der Stadt als auch die des Burgenlandes stark prägte. Die Esterházys pachteten *Eisenstadt* im 17. Jahrhundert von den Habsburgern und gestalteten das Schloß zu einer imposanten Residenz um. Die Fassade wurde mit Skulpturen und Fürstenbildern, ganz im Stil des italienischen Barocks, geschmückt. Die Hauptattraktion des Schlosses ist der reich dekorierte **Haydn-Saal**, der nach Joseph Haydn, dem Hofkapellmeister der Esterházys, benannt ist. Im stilgerechten Ambiente des Saales finden denn auch Haydn-Konzerte und -Matineen statt. Hinter dem Schloß ließ die Fürstenfamilie einen weitläufigen **Park** anlegen, in dem jedes Jahr in den ersten Septembertagen das größte Weinfest des Burgenlandes abgehalten wird: das *»Fest der 1000 Weine«*.
Beim Schloß biegen Sie nach links ins Zentrum ab. Zwei Steinsäulen markieren den Beginn der Fußgängerzone und gleichzeitig das vorläufige Ende zum Radeln. Sie müssen also mit dem Rad an der Hand die stimmungsvolle und verkehrsfreie *Hauptstraße* erkunden, die beidseitig von barocken Hausfassaden gesäumt wird. Nach einigen Gehminuten wird der Blick vom restaurierten **Rathaus** mit seinem Erker und seinen Fresken angezogen. Dahinter, in der *Joseph-Haydn-Gasse*, erhebt sich die gotische **Franziskanerkirche** mit barocker Ausstattung und der Familiengruft der Esterházys. Einige Schritte links davon befindet sich das **Haydn-Museum**, das im Wohnhaus des Komponisten eingerichtet wurde.
Sie gehen vom Rathaus einige Meter zurück und dann nach links durch die schmale *Markhlgasse* zum *Domplatz*. Vor Ihnen erhebt sich der weniger interessante Dom; links befinden sich die Haltestellen der Buslinien. Nach rechts geht es ein kurzes Stück gegen die Einbahn – und dann nach links durch die *Sankt-Martin-Straße*, später durch die *Bahnstraße* immer geradeaus zum *Bahnhof Eisenstadt*.

**Radverleih**
*Neufeld an der Leitha*: Verleih Wurz, Dr.-Karl-Renner-Straße 100, Tel. (0 26 24)5 82 71.

**Übernachtungen unterwegs**
*Eisenstadt* (0 26 82): Hotel Burgenland (gehoben), Franz-Schubert-Platz 1, Tel. 6 96; Gasthof Zum Haydn-Haus (mittel), Joseph-Haydn-Gasse 24, Tel. 6 26 45. *Neufeld an der Leitha*: siehe Tour 12.

**Einkehrmöglichkeiten**
*Neufeld an der Leitha*: siehe Tour 12. *Hornstein*: Heuriger Jaitz. *Steinbrunn*: Café Barislovits. *Kleinhöflein*: Gasthaus Schulhof. *Eisenstadt*: Schloßcafé; Schloßtaverne; Haydn-Bräu.

**Öffnungszeiten**
*Eisenstadt*: Jüdisches Museum, Mai bis Oktober, Di – So 10 – 17 Uhr; Landesmuseum, Di – So 9 – 12 und 13 – 17 Uhr; Haydn-Museum, Ostern bis November, täglich 9 – 12 und 13 – 17 Uhr. Schloß Esterházy, täglich Führungen zwischen 9 und 16 Uhr, von Juli bis September, täglich bis 17 Uhr.

**Auskunft**
*Eisenstadt*: siehe Tour 11.

**Kombinationen**
Mit den Touren 11, 12, 14, 15 und 16.

**Landkarten**
Siehe Tour 12.

# 14 Schlemmer-Tour

*Eisenstadt – Schützen – Oggau – Sankt Margarethen – Oslip – Trausdorf – Eisenstadt*

**Ausgangsort**
Bahnhof Eisenstadt. Anreise: siehe Tour 11.

**Zielpunkt**
Eisenstadt (Rundtour).

**Gesamttourenlänge**
40 km. Bis auf circa 3 km alles asphaltiert.

**Zeitbedarf**
3,5 bis 4 Stunden Radeln, 1 Stunde Besichtigen.

**Etappen**
Eisenstadt – Schützen: 10 km; Schützen – Sankt Margarethen (Steinbruch): 13,5 km; Sankt Margarethen – Oslip: 7 km; Oslip – Eisenstadt: 9,5 km.

**Steigungen**
76 Höhenmeter, davon 54 Höhenmeter zwischen Sankt Margarethen und dem Römersteinbruch.

**Geländestruktur**
Flache, um Sankt Margarethen leicht hügelige Landschaft mit Weingärten und vereinzelten Agrarflächen.

**Sehenswertes**
*Sankt Margarethen*: Römersteinbruch und Skulpturen.

**Günstigste Jahreszeit**
Mai bis September.

**Zu beachten**
Öffnungszeiten der Restaurants.

**Varianten**
Tour in Gegenrichtung.

An der Überschrift läßt sich schon erkennen, daß Tour 14 wenig zum Kalorienabbau beitragen wird; es sei denn, Sie ignorieren unterwegs die Gourmettempel und sonstigen Einkehrmöglichkeiten und geniessen nur die mit Weingärten bedeckte Landschaft, die kulturellen Sehenswürdigkeiten und die Atmosphäre in den kleinen, mit typischen Streck- und Hakenhöfen geprägten Dörfern.

Die erste Etappe dieser Tour, vom ***Bahnhof Eisenstadt*** nach ***Schützen am Gebirge***, verläuft auf dem gleichen Weg wie bei Tour 11 beschrieben. Nach dem Fußballfeld in **Schützen** radeln Sie rechts durch die ***Schulgasse*** ins Zentrum hinein. An der ***Pfarrkirche*** folgen Sie links der ***Hauptstraße***, an der Sie auf den ersten Gourmettempel dieser Tour treffen: das Restaurant **Taubenkobel**. Falls Sie noch keinen Appetit haben, verlassen Sie bei der Feuerwehr nach rechts die ***Hauptstraße***. Sie radeln kurze Zeit später linksrechts weiter (Wegweiser »Oslip, Oggau«) und überqueren dabei die Gleise. An der Gabelung folgen Sie geradeaus dem ***Güterweg Schützen – Oggau***. Sie halten sich dann zweimal links (Bildstock und Gabelung) und fahren so am Fuße des 224 Meter hohen ***Goldberges*** entlang nach **Oggau**. Durch ein altes Festungstor erreichen Sie die ***Hauptstraße***. Sie folgen ihr nach rechts und biegen in einer Linkskurve nach rechts auf eine leicht ansteigende Straße ein (Wegweiser »Burgenländischer Weinwanderweg«). Die Tour folgt nun kurz dem ***Neusiedler-See-Radwanderweg B10***, der nach etwa einem Kilometer links nach ***Rust*** abzweigt. Sie radeln geradeaus weiter, folgen an der Kreuzung nach rechts dem ***Güterweg Oslip – Rust*** und umfahren so den 206 Meter hohen ***Silberberg***.

Nach einer sanften Steigung blicken Sie direkt auf ***Oslip***. Circa 300 Meter vor den ersten Häusern biegen Sie nach links auf einen unasphaltierten Weg ein. Entlang von Weingärten radeln Sie nun auf die

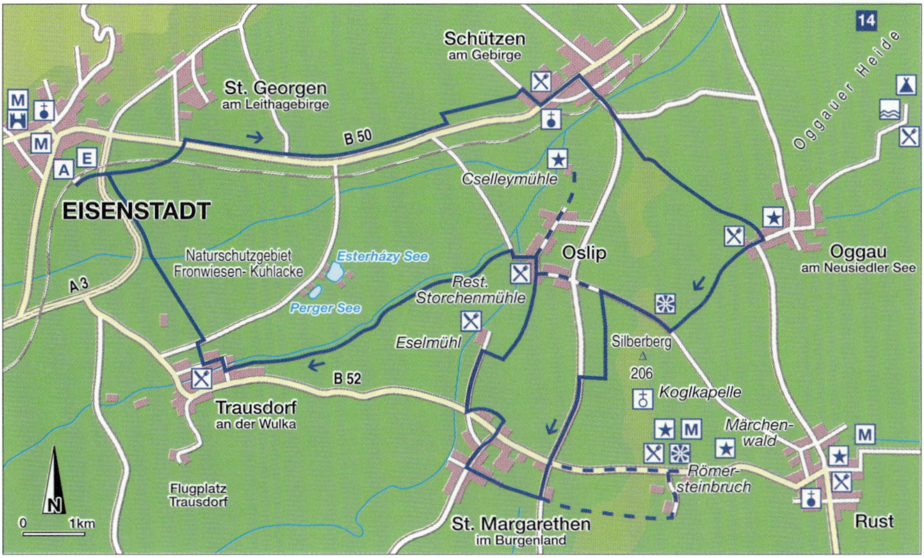


**Koglkapelle** zu. Nach etwa 1,5 Kilometern, ungefähr am Fuße des Kogls, fahren Sie nach rechts bis zur *Ödenburger Straße*, auf der Sie links nach **Sankt Margarethen** gelangen. Unterwegs dorthin können Sie links die ersten Skulpturen sehen, die im offenen Gelände des **Römersteinbruchs** aufgestellt sind. Wer diese frei zugänglichen Skulpturen aus Sandstein aus nächster Nähe betrachten und/oder den Steinbruch besuchen möchte, überquert in *Sankt Margarethen* die *Bundesstraße 52* und biegt an der zweiten Kreuzung nach links auf einen Güterweg ein (Wegweiser »B10, Rust«). Nach etwa einem Kilometer, am Fuße des *Sankt Margarethner Berges,* halten Sie sich links und kommen so zur Bundesstraße zurück, an der es geradeaus zu den Skulpturen geht. Der **Römersteinbruch**, in dem alle fünf Jahre die berühmten Passionsspiele stattfinden (nächste Aufführung: 2001), liegt rechts von Ihnen auf dem Berg und ist über die verkehrsreiche

**Die Cselleymühle in Oslip ist bis weit über die burgenländischen Grenzen hinaus als Kulturtreffpunkt und Bühne für Musiker und Kabarettisten bekannt.**

**Burgenländische Weine können Sie nicht nur im Restaurant, sondern auch direkt beim Weinbauern verkosten. Der Wein wird ab Hof meistens preisgünstiger verkauft.**

Bundesstraße erreichbar. Radeln ist auf dieser kurzen, aber stark ansteigenden Strecke eher die Ausnahme, Schieben die Regel. Dafür haben Sie oben einen herrlichen Panoramablick auf den ***Neusiedler See***. Zudem können Sie eine interessante Fossilienausstellung besuchen und/oder sich in der Taverne für die Weiterfahrt stärken.

Wer den Abstecher zum Steinbruch nicht macht, biegt an der erwähnten Kreuzung (»B10, Rust«) nach rechts in die ***Triftgasse*** ein, an deren Ende Sie nach rechts schwenken. Sie radeln dann an der ***Dorfkirche*** vorbei, überqueren geradeaus die ***Hauptstraße*** und biegen kurz danach links ab. Entlang einer Scheunenreihe kommen Sie wieder zur ***Hauptstraße*** zurück, der Sie nach rechts folgen. Bereits nach einigen Metern geht es nach rechts weiter (Wegweiser »Eselmühl«). Immer geradeaus radelnd, erreichen Sie die hinter Bäumen versteckte **Eselmühl**, in der ein rustikal eingerichtetes, empfehlenswertes Restaurant untergebracht ist. Circa 100 Meter davor zweigt nach rechts ein Weg ab. Er leitet Sie kurze Zeit später nach links und entlang von Weingärten weiter nach **Oslip**, in das Sie geradeaus hineinradeln. Sie schwenken kurz nach dem nächsten Gourmettempel auf dieser Tour, dem Spitzenrestaurant **Storchenmühle**, nach links in die ***Hauptstraße*** ein und erreichen eine Kreuzung, an der es links zum Ausgangspunkt zurückgeht (Wegweiser »Trausdorf, Eisenstadt«). Geradeaus erreichen Sie die **Cselleymühle**, einen schön renovierten Bauernhof am Nordrand von ***Oslip***, der seit Jahrzehnten eine Plattform für (inter-)nationale Musiker und Kabarettisten ist.

Nach dem Abstecher zur ***Cselleymühle*** radeln Sie zur Kreuzung zurück und nach rechts in Richtung ***Eisenstadt*** weiter. Vor der ***Wulka*** biegen Sie nach links auf den ***Güterweg Oslip – Trausdorf*** ein, der Sie an der Wulka entlang nach **Trausdorf** leitet. Am Ende einer Allee überqueren Sie nach rechts den Fluß. Sie folgen nun der ***Fasangasse*** geradeaus und biegen an ihrem Ende nach links ab. Sie halten sich danach zweimal rechts, biegen dann nach links ab und radeln auf einem fast kerzengeraden Güterweg nach **Eisenstadt**. Rechts von Ihnen erstreckt sich das ***Naturschutzgebiet Fronwiesen-Kuhlacke***; zu ihrer Linken verläuft der Autobahnzubringer, den Sie auf einer Brücke nach links überqueren. Danach radeln Sie auf dem bei der Fahrt nach Schützen benutzten Weg zum ***Bahnhof Eisenstadt*** zurück.

**Radverleih**
*Eisenstadt*: siehe Tour 11.

**Übernachtungen unterwegs**
*Eisenstadt*: siehe Tour 11. *Oggau*: Pension Sebastiankeller (preiswert), Sebastianstraße 68, Tel. (0 26 85)72 97.

**Einkehrmöglichkeiten**
*Schützen*: Taubenkobel (Mo und Di geschlossen). *Oggau*: Dorfstube (Do Ruhetag). *Sankt Margarethen*: Eselmühl (Mo Ruhetag). *Oslip*: Storchenmühle (Di Ruhetag). *Trausdorf*: Gasthof Wallner (täglich geöffnet).

**Öffnungszeiten**
*Sankt Margarethen*: Römersteinbruch, täglich 9–18 Uhr.

**Auskunft**
*Eisenstadt*: siehe Tour 11. A-7062 *Sankt Margarethen*: Tourismusbüro, Hauptstraße 20, Tel. (0 26 80)21 01.

**Kombinationen**
Mit den Touren 11, 12, 15 und 16.

**Landkarten**
»Blatt 77, Eisenstadt« und »Blatt 78, Rust«, 1 : 50 000, Karten des Bundesamtes für Eich- und Vermessungswesen.

# 15 In die ehemalige Landeshauptstadt Sopron

*Eisenstadt – Trausdorf – Oslip – Rust – Mörbisch – Sopron*

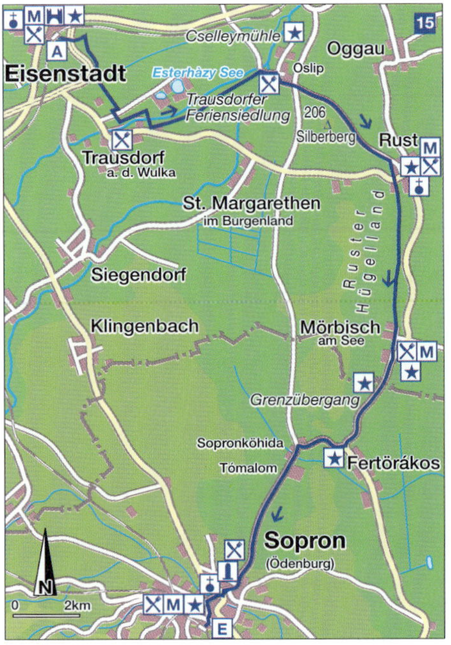


**Ausgangsort**
Bahnhof Eisenstadt. Anreise: siehe Tour 11.

**Zielpunkt**
Sopron. Zurück mit der Bahn (Umsteigen in Wulkaprodersdorf).

**Gesamttourenlänge**
31 km, alles asphaltiert.

**Zeitbedarf**
3,5 Stunden Radeln, 3–4 Stunden Besichtigen.

**Etappen**
Eisenstadt – Rust: 15,5 km; Rust – Mörbisch: 4 km; Mörbisch – Sopron: 11,5 km.

**Steigungen**
72 Höhenmeter, davon die meisten auf der letzten Etappe.

**Geländestruktur**
Teils flaches, teils hügeliges Agrar-, Weinbau- und Waldgebiet.

**Sehenswertes**
*Rust und Mörbisch*: siehe Tour 3. *Fertörákos*: siehe Tour 2. *Sopron*: Altstadt (siehe Text); Forum Scarbantia (archäologisches Museum).

**Günstigste Jahreszeit**
Mai bis September.

**Zu beachten**
Reisepaß nicht vergessen. Montags sind fast alle Museen in Sopron geschlossen.

**Varianten**
Tour kann auch in Rust (dann nur 15 km lang) oder in Mörbisch (dann nur 12 km lang) beginnen.

Die Überschrift müßte eigentlich lauten: »Von der heutigen in die ehemalige Hauptstadt des Burgenlandes«. Denn der Ausgangspunkt dieser Tour ist **Eisenstadt**, das Ziel **Sopron**. Die ungarische Stadt war unter dem deutschen Namen ***Ödenburg*** bis nach dem Ersten Weltkrieg (1914–1918) die Hauptstadt und der Regierungssitz des ***Burgenlandes***. Als sich die Ödenburger Bevölkerung zwei Jahre nach Kriegsende in einer Volksabstimmung für den Anschluß an ***Ungarn*** aussprach, war dieser Teil der burgenländischen Geschichte beendet. Burgenlands Regierung übersiedelte notgedrungen nach ***Bad Sauberbrunn*** und 1925 endgültig nach ***Eisenstadt***. Die Verbindung zwischen dem Burgenland und seiner ehemaligen Hauptstadt wurde aber nie zur Gänze unterbrochen, lediglich vom »Eisernen Vorhang« für Jahre gestört. Heute ist es ohne größere Grenzformalitäten möglich, ***Sopron*** zu besuchen; seine denkmalgeschützte Altstadt lohnt die Radtour allemal.

Vom *Bahnhof Eisenstadt* folgen Sie zunächst Tour 11 bis nach der Brücke über den Autobahnzubringer. Sie kehren hier **Eisenstadt** und dem *Leithagebirge* den Rücken und radeln nach rechts auf einem Güterweg parallel zur Straße nach **Trausdorf** weiter. An der T-Kreuzung am Ende des Güterweges biegen Sie nach rechts ab. Sie halten sich dann zweimal links, dann rechts und überqueren die *Wulka*. Gleich danach schwenken Sie nach links auf den Güterweg nach **Oslip** ein (Wegweiser »Radweg B50«), wo Sie nach rechts in die *Hauptstraße* einbiegen. Auf ihr durchqueren Sie in einem Bogen nach rechts, später nach links den Ort. Am Ortsrand fahren Sie geradeaus auf dem ansteigenden *Güterweg Oslip – Rust* weiter, von dessen Scheitelpunkt aus Sie freie Sicht auf den *Neusiedler See* haben. Danach rollt das Rad von alleine hinunter, und Sie gelangen auf dem Güterweg nach **Rust** (siehe Tour 3). Bei den ersten Häusern treffen Sie auf den *Neusiedler-See-Radweg B10*, dem Sie rechts nach **Mörbisch** (siehe Tour 3) und dann über den *Grenzübergang* bis nach **Fertörákos** (siehe Tour 2) folgen. Am Ortsrand dieses ungarischen Badeortes halten Sie sich rechts (Wegweiser »Sopron«), und radeln über **Sopronköhida** und **Tómalom** durch das sanfte *Lövérhügelland* direkt auf *Sopron* zu, das sich im äußersten Nordwestzipfel *Ungarns* erstreckt.

Sie gelangen auf der *Pozsonyi út* nach **Sopron** hinein. Nach dem Friedhof geht es rechts-links durch die *Szent Mihály út* weiter und auf ihr an der **Kirche Szent Mihály** (Zum Heiligen Michael) und am barocken **Két mór ház** (Haus mit den zwei Mohren) vorbei direkt in die *Dorfmeister út*. An der Kreuzung mit der *Balfi út* biegen Sie links-rechts in die *Ikvahíd út* ein, die in die *Várkerület*, einer parallel zur alten Stadtmauer verlaufenden Straße, mündet. Hier halten Sie sich rechts, dann

**Auf der Fahrt von Eisenstadt nach Sopron können Sie oft einen herrlichen Panoramablick auf den Neusiedler See und seinen breiten Schilfgürtel genießen.**

links und kommen so in die *Elökapu út*. Von nun an ist es mit dem Radeln vorbei, denn **Soprons Altstadt** ist Fußgängerzone. Mit dem Rad an der Hand gehen Sie rechts durch die *Tüztorony út* und stoßen auf das Wahrzeichen Soprons: den barocken **Feuerturm** (Tüztorony), in dem das *Historische Museum* untergebracht ist. Der Rund-

**Radtouren auf dem grenzüberschreitenden Neusiedler-See-Radweg, wie hier in Rust am Westufer, sind stets ein Vergnügen für Pedalritter aller Altersstufen.**

turm kann bestiegen werden und bietet von seinem Balkon aus einen Panoramablick auf die gesamte Altstadt.
Durch das Tor des *Feuerturms* betreten Sie den stimmungsvollen **Hauptplatz** (Fötér), um den sich einige historische Gebäude gruppieren. Sie datieren alle aus der Blütezeit Soprons (14. bis 16. Jahrhundert) und sind von Stilmischungen geprägt. Die Blickfänger am *Hauptplatz* bilden das barocke **Storno-ház** und das **Fabricius-ház**. Diese beiden Bürgerhäuser wurden zu sehenswerten Museen umgebaut und unter anderem mit Kunstsammlungen und reich dekorierten Wohnräumen ausgestattet. An der Südseite des Platzes erhebt sich die »**Ziegenkirche**« (Kecske-templom). Das Gotteshaus erhielt diesen Namen wegen einer Ziege, die in architektonischen Details mehrmals anzutreffen ist. Sie weist vermutlich auf das Wappentier jenes Fürstenhauses hin, das die Kirche im 13. Jahrhundert erbauen ließ.
Einige Schritte südlich des *Hauptplatzes*, an der *Uj út*, treffen Sie auf das archäologische Museum **Forum Scarbantia**, in dem die Reste der Römersiedlung *Scarbantia* zu bewundern sind. Die Siedlung errichtete man zum Schutz des Fernhandels über die Bernsteinstraße, und mit ihrer Gründung wurde gleichzeitig die Basis von Sopron gelegt. Im Museum gibt es ein Büro von *Lokomotiv Tourist*, in dem Sie über die restlichen Sehenswürdigkeiten der Stadt umfangreiche Informationen erhalten.
Vor oder nach der Stadtbesichtigung können (und sollten) Sie in einem der netten Restaurants am *Hauptplatz* oder an der *Várkerület* die ungarische Küche probieren, obwohl sie in den letzten Jahren mehr und mehr durch internationale Gerichte verdrängt wird. Auf jeden Fall sollten Sie ein Glas *Soproni kékfrankos* (regionaler Rotwein) oder *Tokaj* (ungarischer Desertwein) kosten. Zum Durstlöschen empfiehlt sich das leichte Soproner Bier *Lövér*.
Sie verlassen die Soproner Altstadt durch die *Templon út* in Richtung Süden, biegen rechts-links in die *Erzsébet út* ein und treffen an ihrem Ende auf den *Soproner Bahnhof*. Von hier aus können Sie zum Ausgangspunkt zurück- oder nach Deutschkreutz im »**Blaufränkischland**« (siehe Touren 20 bis 22) weiterfahren.

**Radverleih**
*Eisenstadt*: siehe Tour 11. *Rust* und *Mörbisch*: siehe Tour 3.

**Übernachtungen unterwegs**
*Rust* und *Mörbisch*: siehe Tour 3. *Fertörákos*: siehe Tour 2. *Sopron* (0 99): Pannonia Med Hotel (gehoben), Várkerület 75, Tel. 31 21 80; Maroni Hotel (mittel), Lövér körút 74, Tel. 31 25 49; Panoráma Hotel (preiswert), Panoráma út 3d, Tel. 31 27 45.

**Einkehrmöglichkeiten**
*Rust* und *Mörbisch*: siehe Tour 3. *Fertörákos*: siehe Tour 2. *Sopron*: Gyógygödör Borozó (Weinschenke); Restaurant Gambrinus; Restaurant Gangl; Restaurant Gráben (alle im Zentrum).

**Öffnungszeiten**
*Sopron*: Storno- und Fabricius-Haus, 1. April bis 30. September, Di–So 10–18 Uhr (ansonsten nur bis 14 Uhr); Forum Scarbantia: Mo–Sa 9–16.30 Uhr; Feuerturm, 1. April bis 30. September, Di–So 10–18 Uhr. *Grenzübergang*: siehe Tour 2.

**Auskunft**
*Eisenstadt*: siehe Tour 11. *Rust* und *Mörbisch*: siehe Tour 3. *Fertörákos*: siehe Tour 2. H-9400 *Sopron*: Ciklámen Tourist, Oganbona tér 8, Tel. (0 99) 31 20 40; Lokomotiv Tourist, új utca 1, Tel. (0 99) 31 11 11. H-9021 *Györ*: Tourismusamt Komitat Györ-Mosom-Sopron, Arpád út 32, Tel. (0 96) 31 77 09.

**Kombinationen**
Mit den Touren 2 und 19.

**Landkarten**
»Blatt 77, Eisenstadt«, »Blatt 78, Rust«, »Blatt 107, Mattersburg« und »Blatt 108, Deutschkreutz«, 1 : 50 000, Karten des Bundesamtes für Eich- und Vermessungswesen.

# 16 Durch das Wulkatal

*Eisenstadt – Wulkaprodersdorf – Antau – Stöttera – Zemendorf – Pöttelsdorf – Walbersdorf – Mattersburg*

**Ausgangsort**
Bahnhof Eisenstadt. Anreise: siehe Tour 11.

**Zielpunkt**
Mattersburg. Zurück mit dem Bus.

**Gesamttourenlänge**
21 km, alles asphaltiert.

**Zeitbedarf**
2 Stunden Radeln, 1 Stunde Besichtigen.

**Etappen**
Eisenstadt – Antau: 13 km; Antau – Mattersburg: 8 km.

**Steigungen**
Nahezu eben.

**Geländestruktur**
Offenes Agrarland, Flußlandschaft und sanftes Hügelland mit Weingärten.

**Sehenswertes**
*Wulkaprodersdorf*: Naturlehrpfad. *Pöttelsdorf*: Wein- und Kulturwanderweg. *Mattersburg*: Pestsäule; Wehrkirche; Eisenbahnviadukt.

**Günstigste Jahreszeit**
Mai bis September.

**Varianten**
Tour in Gegenrichtung.

Genußtour 16 ist als Verbindungsradweg zwischen der Ferienregion *Neusiedler See* und dem reizvollen Hügelland um *Mattersburg* gedacht. Sie verläuft durch das von Landwirtschaft geprägte **Wulkatal** und durch stille Dörfer, in denen sich das Rad der Zeit nur langsam dreht. Falls Sie **Eisenstadt** besuchen möchten, radeln Sie vom *Bahnhof* geradeaus durch die *Bahnstraße* in das stimmungsvolle und verkehrsfreie Zentrum der Landeshauptstadt, das bei der Tour 13 beschrieben ist. Ansonsten folgen Sie von der Bahnstation unserer Tour 12 bis nach **Wulkaprodersdorf**, dem ersten Dorf an der *Wulka*. Im Ort überqueren Sie nicht die *Wiener Straße*, sondern folgen ihr nach links in Richtung Mattersburg (Wegweiser »Radweg R50«). Nach kurzer Fahrt biegen Sie nach rechts in die *Untere Hauptstraße* ein, die Sie vor einem Zigaretten-Kiosk (»Tabak-Trafik«) nach links verlassen. Sie überqueren danach die *Wulka* und radeln nach rechts auf dem »Wulkaprodersdorfer Bauernweg« am Fluß entlang weiter nach *Antau*. Unterwegs kommen Sie an einem **Naturlehrpfad** vorbei, an dem zweisprachige Tafeln (Deutsch/Kroatisch) über den Wein und die Agrarprodukte dieser Gegend informieren. In **Antau** leitet Sie der *Radweg R50* geradeaus durch das Dorf hindurch, vorbei an zwei einfachen Kirchen und einigen barocken Bild-

stöcken, sogenannten »Marterln«, wie sie in burgenländischer Mundart bezeichnet werden. Bildstöcke entstanden bereits ab dem 14. Jahrhundert entlang wichtiger Handelsstraßen. Die »Marterln« erlebten im Burgenland erst in der Barockzeit, im Zuge der Gegenreformation und des Sieges über die Türken, eine Hochblüte.

An der *zweiten Kirche* in *Antau* halten Sie sich links. Einen halben Kilometer danach treffen Sie auf den **Koglradweg B30**. Er führt sowohl nach links (über Draßburg, Baumgarten und Schattendorf) als auch geradeaus nach *Walbersdorf*, dem letzten Ort vor Mattersburg. Sie folgen der zweiten Variante und radeln nun auf dem gut ausgeschilderten *Radweg R50/B30* neben der *Wulka* weiter. Über **Stöttera** und **Zemendorf** erreichen Sie **Pöttelsdorf**, einen langgestreckten Ort am Rand der Tourismusregion Rosalia. *Pöttelsdorf* ist bis weit über die Landesgrenzen hinaus durch den *Fürst-Bismarck-Rotwein* bekannt. Die Trauben dieses dunkelroten, herben und teils kräftigen Weines gedeihen an den sanft ansteigenden Hängen des 388 Meter hohen *Marzer Kogls*, der sich nur wenige Kilometer südlich des Ortes erhebt. Der kurze und ausgeschil-

**Es sind manchmal fast unscheinbare Details, die dem Radfahren im Burgenland einen speziellen Reiz verleihen, wie diese hübschen Fenster eines alten Streckhofes.**

**Bildstöcke entstanden entlang wichtiger Handelsstraßen in ganz Österreich und weisen regionale Unterschiede auf. Im Burgenland bevorzugt man religiöse Figuren im Barockstil.**

derte **Wein- und Kulturwanderweg** im Ort bietet mit Tafeln so manch Interessantes über die Rebenkultur in dieser Region.

Von *Pöttelsdorf* nach *Mattersburg*, dem Endpunkt dieser Tour, sind es nur noch wenige Kilometer, die in sanftem Auf und Ab etwas abseits der *Wulka* verlaufen. Nach der letzten Steigung blicken Sie auf *Walbersdorf* und auf die dahinter erscheinende Silhouette von *Mattersburg*, aus der sich ein 10stöckiger Betonklotz hervorhebt. Dieses Wohnhaus steht übrigens mitten im Zentrum und ist ein guter Orientierungspunkt. Über eine kurze Strecke rollt nun das Rad von alleine nach **Walbersdorf** hinunter. Nach der Überquerung der *Wulka* passieren Sie die *Dorfkirche*. Hier biegen Sie nach links in die *Hauptstraße* ein, der Sie immer geradeaus folgen. Unterwegs zweigt nach links der *Koglradweg B30* ab (siehe Tour 17). Mit einer leichten Steigung unterqueren Sie die *Bundesstraße 50*, und Sie erreichen die ersten Häuser von **Mattersburg**. An der Kreuzung am Ortsrand ignorieren Sie die Radwegtafeln, die Sie am Ortszentrum vorbeiführen. Sie radeln nach links ins Zentrum hinein, kommen am öffentlichen *Schwimmbad* vorbei und unterqueren das Wahrzeichen Mattersburgs: das **Eisenbahnviadukt** aus dem 19. Jahrhundert. Zwei Jahre lang dauerte die Arbeit an dieser 250 langen und aus 20 Rundbögen bestehenden Steinbrücke über das *Wulkatal*, die seither eine wichtige Rolle in der Zugverbindung Wiener Neustadt – Mattersburg – Sopron spielt.

*Mattersburg* wurde 1202 als »Villa Martini« erstmals urkundlich erwähnt und taucht später unter *Mattersdorf* in den Annalen auf. Ab dem 17. Jahrhundert leitete die Fürstenfamilie Esterházy die Geschicke des Ortes. Als nach dem Ersten Weltkrieg die damalige Hauptstadt des Burgenlandes, *Sopron*, zu Ungarn gelangte, entbrannte zwischen *Mattersdorf* und *Eisenstadt* ein Streit um den Rang der neuen Landeshauptstadt, den Eisenstadt für sich entschied. Im Zuge dieses Streits wurde Mattersdorf zur Stadt erhoben und der Name auf Mattersburg abgeändert. Die Kleinstadt entwickelte sich in den letzten Jahrzehnten durch Industrie- und Gewerbezweige sowie durch verschiedene Schulen zum Mittelpunkt dieser Region. Auf Grund seiner geringen historischen Bedeutung besitzt Mattersburg kaum kulturelle Höhepunkte. Das bereits erwähnte *Viadukt*, die barocke **Pestsäule** (1714), die gotische **Wehrkirche** mit ihrer barocken Ausstattung, das **Halterkreuz** (1442) im Schubert-Park und der aus jüngster Zeit datierende **»Zunftbaum«** sind die interessantesten Sehenswürdigkeiten von Mattersburg.

**Radverleih**
*Eisenstadt*: siehe Tour 11.

**Übernachtungen unterwegs**
*Mattersburg*: Florianihof (mittel), Wiener Straße 1, Tel. (0 26 26) 62 10 60.

**Einkehrmöglichkeiten**
*Stöttera*: Gasthaus Salomon. *Pöttelsdorf*: Gasthof Schütser. *Mattersburg*: Florianihof; Café Harrer.

**Auskunft**
*Eisenstadt*: siehe Tour 11. A-7210 *Mattersburg*: Tourismusbüro Region Rosalia, Brunnenplatz 4, Tel. (0 26 26) 6 34 67.

**Kombinationen**
Mit den Touren 17 und 18.

**Landkarten**
»Blatt 77, Eisenstadt« und »Blatt 107, Mattersburg«, 1 : 50 000, Karten des Bundesamtes für Eich- und Vermessungswesen.

## 17 Um den Marzer Kogl

*Mattersburg – Walbersdorf – Schattendorf – Baumgarten – Draßburg – Antau – Stöttera – Zemendorf – Pöttelsdorf – Walbersdorf – Mattersburg*

**Ausgangsort**
Bahnhof Mattersburg. Anreise mit der Bahn von Wiener Neustadt oder Sopron (Ungarn) oder mit dem Bus von vielen Orten in der Umgebung.

**Zielpunkt**
Mattersburg (Rundtour).

**Gesamttourenlänge**
33 km, alles asphaltiert.

**Zeitbedarf**
3 Stunden Radeln, 10 Minuten Schieben.

**Etappen**
Mattersburg – Schattendorf: 14,5 km; Schattendorf – Antau: 10,5 km; Antau – Mattersburg: 8 km.

**Steigungen**
74 Höhenmeter, davon zwei Drittel auf der ersten Etappe.

**Geländestruktur**
Hügelige Landschaft mit Wald, Weingärten, Feldern und dünner Besiedlung.

**Sehenswertes**
*Mattersburg*: siehe Tour 16.

**Günstigste Jahreszeit**
Mai bis September.

**Varianten**
Tour in Gegenrichtung.

Das Natur- und Landschaftsschutzgebiet rund um den 388 Meter hohen **Marzer Kogl** steht im Mittelpunkt dieser Genußtour. Wiesen, Agrarflächen, Wälder, Obst- und Weinkulturen prägen das Hügelland, das sich nur wenige Radkilometer östlich von ***Mattersburg*** erstreckt. Der nahezu lückenlos ausgeschilderte **Koglradweg B30** führt in sanftem Auf und Ab durch dieses geschützte Gebiet und bietet dabei eine Variante zur »Erklimmung« des ***Marzer Kogls*** an.

Der Radweg B30 beginnt eigentlich in *Walbersdorf*. Wegen der guten Verkehrsverbindungen und eines Radverleihs haben wir aber **Mattersburg** als Ausgangs- und Zielpunkt für diese Tour gewählt (Beschreibung siehe Tour 16).

Vom ***Bahnhof*** radeln Sie nach links bis zur verkehrsreichen ***Felixstraße***, der Sie nach rechts folgen. Nach etwa einem halben Kilometer geht es rechts sehr steil durch die ***Wedekindgasse*** hinunter zur ***Michael-Koch-Straße***, auf der Sie nach rechts das imposante **Bahnviadukt** unterqueren und so die Stadt verlassen.

Wer einen kleinen Umweg durch das Zentrum um den ***Hauptplatz*** machen möchte, läßt sich einfach geradeaus hinunterrollen. An der Kreuzung beim Hochhaus geht es links zum ***Hauptplatz*** (Einbahnstraße!), der nur einen Steinwurf von Ihnen entfernt liegt. Sie fahren geradeaus durch die ***Judengasse*** weiter und passieren dabei das ***Café Harrer***, eine gute Einkehrmöglichkeit. Die ***Judengasse*** mündet in die ***Michael-Koch-Straße***, auf der Sie nach rechts und unter dem ***Bahnviadukt*** hindurch aus dem Ort hinausradeln.

Am Ortsrand von ***Mattersburg***, kurz nach dem Schwimmbad und der Tankstelle, biegen Sie nach rechts ab (Wegweiser »Walbersdorf«). Sie können nun das Rad unter der ***Bundesstraße 50*** hindurch nach **Walbersdorf** hinunterrollen lassen. Beim alten Feuerwehrhaus stoßen Sie auf den ***Koglradweg B30***, dem Sie nach rechts folgen. Von nun an leitet Sie seine Beschilderung rund um den ***Marzer Kogl***, der sich links vor Ihnen erhebt. Nach den letzten Häusern und noch vor einer Eisenbahnbrücke queren Sie nach links den

**Die sonnigen Hänge des 388 Meter hohen Marzer Kogls, östlich von Mattersburg gelegen, werden von ausgedehnten Weingärten mit vereinzelten Kellerhäuschen geprägt.**

schmalen *Klettenbach*. Der Weg führt Sie dann nach rechts und ein kurzes Stück am Ufer des Baches entlang. Nach etwa 1,5 Kilometern überqueren Sie den *Ödenmühlbach*. Sie radeln dann nach links an den Gleisen entlang und kommen an einem schönen Rastplatz am Fuße des *Marzer Kogls* vorbei. Hier können Sie eine kurze Pause einlegen und die reizvolle Landschaft am Südhang des Kogls auf sich einwirken lassen, bevor Sie Ihre Kondition an der ersten Steigung testen. Die kurze Anstrengung gleicht sich mit ein paar Meter »Rollen« jedoch wieder aus. Während sich Ihre Füße erholen können, passieren Sie die Abzweigung zum »Gipfel«. Der »Aufstieg« ist nur mit einer guten Übersetzung oder mit Schieben möglich, wird dafür aber mit einer herrlichen Aussicht belohnt.

Wer sich weniger »quälen« möchte, radelt geradeaus weiter und biegt an der

nächsten Kreuzung nach links auf einen leicht ansteigenden Güterweg ein. Am Ende des Weges, an einer T-Kreuzung, trifft die Umfahrung mit der Gipfelvariante zusammen. Hier biegen Sie nach rechts ab, bzw. wenn Sie vom »Gipfel« kommen, radeln Sie geradeaus weiter, quer durch den ***Schattendorfer Wald***.

Sobald Sie den Wald verlassen haben, breitet sich vor Ihnen **Schattendorf** aus. Rechts davon erstreckt sich das ***Ödenburger Gebirge***, die natürliche Grenze zu Ungarn. Sie radeln geradeaus in den Ort hinein und biegen nach links in die ***Hauptstraße*** ein, die Sie nach etwa einem Kilometer nach links wieder verlassen. Mit einer leichten Steigung radeln Sie nun auf einen Wald am 351 Meter hohen ***Krippelberg*** zu, den Sie nach rechts durchqueren. Rechts hinter Ihnen, bei den auffallenden Zypressen, ist das Zollhaus an der österreichisch-ungarischen Grenze zu sehen. Dahinter erblicken Sie die sozialistischen Plattenbauten am Stadtrand von ***Sopron***. 1989 war dieser Teil der Grenze eine von vielen »undichten« Stellen im sonst fast unüberwindbaren »Eisernen Vorhang«, durch die Tausende von ostdeutschen Bürgern in die Freiheit gelangten – der Beginn vom Ende der Deutschen Demokratischen Republik.

Mit dem Wald im Rücken rollen Sie nach **Baumgarten** hinunter, wo Sie der Radweg B30 zur ***Hauptstraße*** leitet. Sie biegen nach links in diese Straße ein und durchqueren auf ihr den Ort, der beinahe nahtlos in das tiefer liegende **Draßburg** übergeht. Während Sie ins Zentrum von ***Draßburg*** hinunterrollen, kommen Sie am privaten **Schloß Draßburg** vorbei, das sich hinter Bäumen und einer dicken Mauer versteckt. Im Ortszentrum halten Sie sich rechts (Wegweiser »Siegendorf, Klingenbach«). Sie biegen dann an einem ***Bildstock*** nach links in den leicht ansteigenden ***Antoniweg*** ein. An seinem Ende radeln Sie links-rechts weiter und gelangen so auf den Güterweg nach **Antau**. Bevor der Güterweg zum Ort hin abfällt, haben Sie freie Sicht auf das breite ***Wulkatal***, das sich quer zu Ihren Füßen erstreckt. Im Ort gelangen Sie an eine T-Kreuzung, an der es rechts nach ***Eisenstadt*** geht. Diese Tour folgt nach links dem ***Radweg R50/B30***, der Sie über **Stöttera**, **Zemendorf**, **Pöttelsdorf** und **Walbersdorf** nach **Mattersburg** zurückleitet (Beschreibung siehe Tour 16).

**Radverleih**
*Mattersburg*: Bahnhof, Tel. (0 26 26) 6 22 13.

**Übernachtungen unterwegs**
*Mattersburg*: siehe Tour 16.

**Einkehrmöglichkeiten**
*Schattendorf*: Gasthaus Grafl; Konditorei Ostermayer. *Draßburg*: Gasthaus Wanke. *Stöttera*, *Pöttelsdorf* und *Mattersburg*: siehe Tour 16.

**Auskunft**
*Mattersburg*: siehe Tour 16.

**Kombinationen**
Mit den Touren 16 (in Gegenrichtung) und 18.

**Landkarten**
»Blatt 77, Eisenstadt« und »Blatt 107, Mattersburg«, 1 : 50 000, Karten des Bundesamtes für Eich- und Vermessungswesen.

## 18 Am Fuße des Rosaliengebirges

*Mattersburg – Forchtenstein – Wiesen – Bad Sauerbrunn – Neudörfl – Wiener Neustadt*

**Ausgangsort**
Bahnhof Mattersburg. Anreise: siehe Tour 17.

**Zielpunkt**
Wiener Neustadt. Zurück mit der Bahn.

**Gesamttourenlänge**
26 km, alles asphaltiert.

**Zeitbedarf**
2,5 bis 3 Stunden Radeln, 10 Minuten Schieben, 3 bis 4 Stunden Besichtigen.

**Etappen**
Mattersburg – Forchtenstein: 7 km; Forchtenstein – Bad Sauerbrunn: 9,5 km; Bad Sauerbrunn – Wiener Neustadt: 9,5 km.

**Steigungen**
104 Höhenmeter.

**Geländestruktur**
Ebenes Agrarland, bewaldetes Hügelland und flaches Großstadtgebiet.

**Sehenswertes**
*Mattersburg*: siehe Tour 16. *Forchtenstein*: Burg. *Bad Sauerbrunn*: Villen von der Jahrhundertwende. *Wiener Neustadt*: Neukloster; Altstadt (siehe Text); Stadtmuseum.

**Günstigste Jahreszeit**
Mai bis September.

**Varianten**
Tour in Gegenrichtung.

Das ***Burgenland*** verdankt seinen Namen jenen imposanten Wehranlagen, die das Land einst wie eine fast undurchdringbare Kette von Norden nach Süden durchzogen und so das Reich im Westen vor kriegerischen Völkern aus dem Osten schützten. Tour 18 bietet Ihnen die Möglichkeit, eine dieser beeindruckenden Befestigungen zu besuchen: die ***Burg Forchtenstein***, die zusammen mit anderen Kulturdenkmälern und der reizvollen Landschaft eine abwechslungsreiche Tour am Fuße des **Rosaliengebirges** garantiert.

Vom ***Bahnhof Mattersburg*** radeln Sie nach links bis zur verkehrsreichen ***Felixstraße***, der Sie nach rechts folgen. Nach etwa einem halben Kilometer rollt das Rad von alleine durch die ***Bahnstraße*** ins Zentrum von **Mattersburg** hinunter (Beschreibung siehe Tour 16). An der Kreuzung beim ***Hochhaus*** radeln Sie geradeaus durch die ***Judengasse*** weiter, an deren Ende Sie nach links in die ***Michael-Koch-Straße*** einbiegen. Sie fahren von nun an immer geradeaus weiter, überqueren dabei die ***Wiener Straße*** und passieren den **»Zunftbaum«** und später das **Halterkreuz** (1442) im Schubert-Park. Danach gelangen Sie in einem Bogen nach rechts zur ***Mühlgasse***, der Sie nach links folgen. Gleichzeitig folgen Sie dem lückenlos ausgeschilderten ***Rosaliaradweg B32***, der Sie direkt nach **Forchtenstein** leitet. Unterwegs dorthin radeln Sie links am ***Stücklkreuz*** vorbei, unter der ***Schnellstraße S31*** hindurch und am ***Hochgrabenbach*** entlang bis zur ***Wiesner Straße***. Dabei erblicken Sie schon von weitem die mächtige **Burg Forchtenstein** aus dem 13. Jahrhundert, die sich majestätisch auf einem Dolomitfelsen hoch über dem Ort erhebt. Sie ist das Wahrzeichen Forchtensteins und eine Wehranlage wie im Bilderbuch: dicke Mauern, Basteien, Türme, ein tiefer Burggraben und eine Ziehbrücke. Nur über sie gelangt man in den Innenhof und von dort zum ***Museum***, dessen Exponate die Fantasie über das turbulente Ritterleben anregen.

**Gut erhaltene Räume auf Burg Forchtenstein führen die Besucher in die ferne Vergangenheit zurück, als Komfort und Bequemlichkeit noch unbekannte Begriffe waren.**

Die ***Burg Forchtenstein*** imponiert vor allem durch ihre mächtige Bauweise und ihre schöne Lage, die gleichzeitig darauf hinweist, daß der Burgbesuch mit Genußradeln wenig zu tun hat. Wir empfehlen Ihnen, nach links auf der ***Wiesner Straße*** und dann nach rechts auf der ***Hauptstraße*** in den Ort bis zum ***Gasthaus Reisner*** zu fahren. Hier können Sie das Rad abstellen und auf dem Ortswanderweg 6 zur Burg wandern (40 Minuten) oder mit dem Bus bequem hoch fahren. Danach radeln Sie auf dem gleichen Weg zum ***Radweg B32*** zurück, dem Sie nach links durch die ***Hochbergstraße*** folgen. Bei der ***Weinschenke Zur Edelkastanie*** führt nach links die ***Rosengasse***, später die ***Schloßbergstraße*** ebenfalls zur Burg hoch. Die Steigungen dieser Straßen betragen aber bis zu 17 Prozent, weshalb sich unser 5 Kilometer langer Umweg allemal lohnt. Von der Weinschenke verläuft der ***Radweg B32*** nach rechts hinauf. Radeln ist auf dieser 500 Meter langen, sehr steilen Strecke unmöglich, doch danach folgen die richtigen Genußetappen, quer durch ein mit Weingärten und Obsthainen bedecktes Gebiet und mit freier Sicht auf die mächtige ***Burg Forchtenstein***, das ***Wulkatal*** und das ***Rosaliengebirge***.
Der nächste Ort dieser Tour ist **Wiesen**, das sich von einer Holzfällersiedlung zu

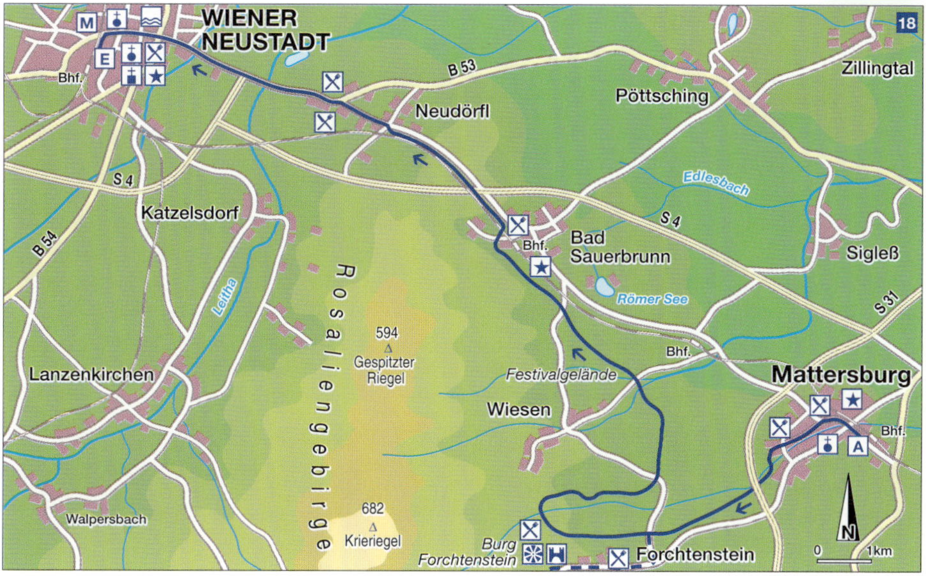


**Die hübschen Villen in Bad Sauerbrunn am Fuße des Rosaliengebirges stammen vorwiegend von der Jahrhundertwende und sind heute begehrte Wohnobjekte.**

einem der größten Erdbeerproduzenten Österreichs entwickelte. Der Radweg leitet Sie am Ortsrand entlang, direkt am Wiesner Festgelände vorbei. Alljährlich im Sommer findet in dieser »Zeltstadt« das internationale ***Jazzfestival*** und das ***»Sunsplash«*** mit exotischen Klängen statt. In sanftem Auf durchqueren Sie ein bewaldetes Gebiet. Sie stoßen dabei auf eine Landstraße, der Sie nach rechts folgen. In einer Rechtskurve verlassen Sie die Straße nach links auf dem ***Güterweg Wiesen-Sauerbrunn***. Er führt Sie direkt nach **Bad Sauerbrunn** hinein, einen traditionsreichen Kurort, der seine Besucher mit wunderschönen Villen von der Jahrhundertwende begrüßt. Immer dem Radweg folgend, gelangen Sie unter der Bahn hindurch in das Ortszentrum um den Kurpark. Angenehme Terrassencafés und -restaurants laden hier zu einer Rast ein. Wer hier keinen Stopp einlegen möchte, radelt vor der Bahn links nach **Neudörfl** weiter. Auf dem Radweg neben der ***Hauptstraße*** durchqueren Sie diesen langgestreckten Weinort. Sie treffen dabei auf einige gemütliche Buschenschenken und überqueren am Ortsrand die ***Leitha***, den Grenzfluß zwischen dem Burgenland und Niederösterreich.

Immer geradeaus radelnd, kommen Sie auf der ***Ungargasse*** nach **Wiener Neustadt** hinein. Sie passieren dabei das **Neukloster** (1250) und seine barocke **Kirche Zur Heiligen Dreifaltigkeit** und stoßen danach auf den stimmungsvollen ***Hauptplatz***. Hier erinnern gotische **Laubenhäuser** und das **Alte Rathaus** aus dem 15. Jahrhundert an den einstigen Glanz der Stadt, die im Zweiten Weltkrieg schwer zerstört wurde. Während des Wiederaufbaus mußte der alte Charme einem effizienten Baustil weichen. Sie umfahren den Platz nach rechts und stoßen dabei auf die ***Wiener Straße***, die nach rechts in die Nähe des **Doms** aus dem 13. Jahrhundert und zum **Stadtmuseum** führt. Kurz nach der Kreuzung mit der Wiener Straße verlassen Sie den Hauptplatz nach rechts durch die ***Herzog-Leopold-Straße*** (Fußgängerzone!). Nach einem kurzen Spaziergang durch diese Einkaufsmeile können Sie das Rad wieder besteigen. Sie radeln geradeaus weiter und biegen vor der Bahn nach links zum zentralen ***Busterminal*** und zum ***Hauptbahnhof*** ab, von dem aus Sie nach Mattersburg zurückfahren können.

**Radverleih**
*Mattersburg*: siehe Tour 17.

**Übernachtungen unterwegs**
*Mattersburg*: siehe Tour 16. *Bad Sauerbrunn*: Parkhotel Neubauer (mittel), Postgasse 2, Tel. (0 26 25)32 21 30. *Wiener Neustadt* (0 26 22): Hotel Corvinus (gehoben), Bahngasse 29 – 33, Tel. 2 41 34; Hotel Zentral (mittel), Hauptplatz 27, Tel. 2 31 69.

**Einkehrmöglichkeiten**
*Mattersburg*: siehe Tour 16. *Forchtenstein*: Heuriger Zur Edelkastanie; Burgstüberl. *Bad Sauerbrunn*: Schlemmerbeisl; Restaurant Dichatschek. *Neudörfl*: Probus Keller. *Wiener Neustadt*: Stagl Wirt; Pizzeria Da Camillo.

**Öffnungszeiten**
*Burg Forchtenstein*: Führungen vom 30. April bis 31. Oktober, täglich 9 – 16 Uhr. *Wiener Neustadt*: Stadtmuseum, April bis Oktober, Di und Do 9 – 12 und 14 – 16 Uhr, So 9 – 12 Uhr.

**Auskunft**
A-2700 *Wiener Neustadt*: Fremdenverkehrsamt, Hauptplatz 3, Tel. (0 26 22) 2 35 31, DW 4 68. Tourismusregion Rosalia: siehe Tour 16.

**Kombinationen**
Mit den Touren 16 und 17.

**Landkarten**
»Blatt 107, Mattersburg« und »Blatt 76, Wiener Neustadt«, 1 : 50 000, Karten des Bundesamtes für Eich- und Vermessungswesen.

## Unterwegs im »Blaufränkischland«

# 19 Vom Neusiedler See in das »Blaufränkischland«

*Mörbisch – Fertörákos – Balf – Kópháza – Deutschkreutz*

**Ausgangsort**
Schiffsanlegestelle Mörbisch. Anreise: siehe Tour 3.

**Zielpunkt**
Bahnhof Deutschkreutz. Zurück mit der Bahn nach Sopron und von dort mit dem Rad (12 km).

**Gesamttourenlänge**
23 km, alles asphaltiert.

**Zeitbedarf**
2 bis 2,5 Stunden Radeln, 1 Stunde Besichtigen.

**Etappen**
Mörbisch – Balf: 16 km; Balf – Deutschkreutz: 7 km.

**Steigungen**
91 Höhenmeter, davon zwei Drittel auf der ersten Etappe.

**Geländestruktur**
Hügeliges Gebiet mit Weingärten, Wäldern, Agrarflächen und dünner Besiedlung.

**Sehenswertes**
*Mörbisch*: siehe Tour 3. *Fertörákos* und *Balf*: siehe Tour 2. *Deutschkreutz*: Schloß Deutschkreutz.

**Günstigste Jahreszeit**
Mai bis September.

**Zu beachten**
Reisepaß nicht vergessen.

**Varianten**
Ausgangspunkt kann auch Rust sein (dann um 4 km länger).

Der äußerste Nordwestzipfel ***Ungarns*** trennt den ***Neusiedler See*** vom **»Blaufränkischland«**, einem Weinanbaugebiet, das seinen Namen der traditionellen Rotweinsorte verdankt, die in diesem landschaftlich reizvollen Gebiet angebaut und gekeltert wird. Doch nicht nur wegen des edlen blaufränkischen »Tropfens« ist dieses Gebiet südlich des ***Ödenburger Gebirges*** nationalen und internationalen Touristen bekannt. In der mit Weingärten, Wäldern und Wiesen bedeckten Hügellandschaft gibt es nämlich einiges zu entdecken: Burgruinen und Schlösser, die von der einstigen Macht ungarischer und österreichischer Fürsten zeugen; kleine Dorfmuseen, in denen die alten Traditionen liebevoll bewahrt werden; historische Weinkeller, die zu atmosphärvollen Vinotheken umgebaut wurden, und zweisprachige Dörfer mit einem noch unverfälschten Charme.

Tour 19 verbindet die »große« Ferienregion ***Neusiedler See*** und das bescheidene, aber nicht weniger interessante »Blaufränkischland«. Von der ***Schiffsanlegestelle Mörbisch*** radeln Sie durch den breiten Schilfgürtel nach **Mörbisch** hinein (siehe Tour 3), wo Sie nach links dem lückenlos ausgeschilderten ***Neusiedler-See-Radwanderweg B10*** folgen. Er leitet Sie über die ***Staatsgrenze*** und **Fertörákos** nach **Balf**. Diese Etappe ist bei unserer Tour 2 in Gegenrichtung beschrieben.

In ***Balf*** verlassen Sie bei der Kirche den ***Radweg B10*** und radeln auf der geradeausführenden Straße in Richtung ***Kópháza*** weiter. Nach einer ordentlichen, aber kurzen Steigung überqueren Sie die Bahn, der Sie nach rechts folgen. Mit einem Bogen nach links kehren Sie dann der Bahn den Rücken. Kurz danach treffen Sie auf

**Schloß Deutschkreutz liegt am Ostrand des gleichnamigen Weinortes. Im Hintergrund erhebt sich das Ödenburger Gebirge, die natürliche Grenze zu Ungarn.**

die ersten Häuser von **Kópháza** und gleichzeitig auf die verkehrsreiche *Bundesstraße 84*, die *Sopron* mit dem *Plattensee* verbindet. Sie überqueren geradeaus die Straße (Vorsicht!), erreichen nach etwa 250 Metern das Ortszentrum und schwenken bei der Kirche nach rechts. Mit einer Links-Rechts-Kurve verlassen Sie das Zentrum und stoßen auf die verkehrsreiche *Bundesstraße 62*, auf der Sie links zum Grenzübergang **Deutschkreutz-Kópháza** radeln. Da weder ein Radweg noch eine Alternativroute vorhanden ist, bleibt Ihnen nichts anderes übrig, als auf dieser verkehrsgeplagten Straße bis zur 1,5 Kilometer entfernten Staatsgrenze zu fahren (Vorsicht!).
Kurz nach dem Grenzübergang treffen Sie auf den *Radweg B405*, dem Sie nach links, dann nach rechts bis zu einer Kreuzung folgen. Hier haben Sie die Wahl zwischen einem kleinen Umweg zum Schloß und durch das Zentrum von **Deutschkreutz** und einer kurzen **Variante**, die geradeaus dem *Radweg B40* zum Zollhaus am Nordrand des Ortes folgt. Von hier gelangen Sie nach rechts zur *Bundesstraße 62* und auf Ihr nach links zum naheliegenden *Bahnhof Deutschkreutz*, an dem diese Tour endet.
Unsere Tour führt Sie nach links auf dem ausgeschilderten *Radweg B401* weiter, entlang von Weingärten und Äckern und durch eine Akazienallee zum **Schloß Deutschkreutz** aus dem 17. Jahrhundert. Das historische Bauwerk ist das Wahrzeichen des Ortes, besitzt die Eleganz eines Palais und gleichzeitig den wehrhaften

**Bevor Sie Kurs auf das »Blaufränkischland« nehmen und das sanfte Hügelland Ungarns durchqueren, sollten Sie auf einer gemütlichen Terrasse die nötigen Kräfte sammeln.**

Charakter einer Burg. Es befindet sich in Privatbesitz und ist deshalb nur von außen zu besichtigen.

Sie biegen beim Schloß nach rechts ab und radeln dann durch den ***Schloßweg*** weiter bis zur ***Neubaugasse***. Hier schwenken Sie nach rechts, dann sofort nach links und radeln durch die ***Webergasse*** bis zur ***Hauptstraße***, der Sie nach rechts folgen. Immer geradeaus radelnd, stoßen Sie am Ende der Straße auf die ***Bundesstraße 62***, wo Sie links vor Ihnen den ***Bahnhof*** sehen. Unterwegs durch das Ortszentrum passieren Sie einige Gasthöfe und Heurige, die für das leibliche Wohl und einen guten Ausklang dieser Tour sorgen. Zudem kommen Sie am ***Tourismusbüro*** an der Hauptstraße 55 vorbei, wo im gemütlichen Gewölbekeller die **Gebietsvinothek** untergebracht ist. Über 120 exzellente Weine aus dem »Blaufränkischland« werden hier zum Verkauf und zur Verkostung angeboten.

**Radverleih**
*Mörbisch* und *Rust*: siehe Tour 3.

**Übernachtungen unterwegs**
*Mörbisch*, *Rust*, *Fertörákos* und *Balf*: siehe Tour 2 und 3. *Deutschkreutz* (0 26 13): Hotel Schreiner (mittel), Girmerstraße 45, Tel. 8 03 22; Gasthof Glöckl (preiswert), Hauptstraße 53, Tel. 8 92 91.

**Einkehrmöglichkeiten**
*Mörbisch*, *Rust*, *Fertörákos* und *Balf*: siehe Tour 2 und 3. *Kópháza*: Restaurant Tercia. *Deutschkreutz*: Weingasthof Schreiner.

**Öffnungszeiten**
Der Grenzübergang bei Deutschkreutz ist rund um die Uhr geöffnet. Grenzübergang bei Mörbisch: siehe Tour 2.

**Auskunft**
*Mörbisch* und *Rust*: siehe Tour 3. *Balf*: siehe Tour 2. A-7031 *Deutschkreutz*: Tourismusbüro, Hauptstraße 55, Tel. (0 26 13) 8 97 68.

**Kombinationen**
Mit den Touren 15, 20 und 21.

**Landkarten**
»Blatt 78, Rust« und »Blatt 108, Deutschkreutz«, 1 : 50 000, Karten des Bundesamtes für Eich- und Vermessungswesen.

# 20 Rotweinradwanderweg

*Deutschkreutz – Raiding – Horitschon – Neckenmarkt – Deutschkreutz*

**Ausgangsort**
Bahnhof Deutschkreutz. Anreise mit der Bahn von Eisenstadt oder Mattersburg (via Sopron), mit dem Rad vom Neusiedler See (siehe Tour 19) oder mit dem Bus von vielen Orten in der Umgebung.

**Zielpunkt**
Deutschkreutz (Rundtour).

**Gesamttourenlänge**
36 km, alles asphaltiert.

**Zeitbedarf**
3,5 – 4 Stunden Radeln, 1 Stunde Besichtigen.

**Etappen**
Deutschkreutz – Kleinwarasdorf – Raiding: 23,5 km; Raiding – Neckenmarkt – Deutschkreutz: 12,5 km.

**Steigungen**
117 Höhenmeter, davon zwei Drittel auf der ersten Etappe.

**Geländestruktur**
Hügeliges Weinanbaugebiet mit Wäldern, Agrarflächen und dünner Besiedlung.

**Sehenswertes**
*Deutschkreutz*: Schloß Deutschkreutz; Vinothek. *Raiding*: Franz-Liszt-Museum. *Neckenmarkt*: Fahnenschwinger- und Weinbaumuseum.

**Günstigste Jahreszeit**
Mai bis September.

**Varianten**
Die Radwege B 400 bis B 404, B 410 bis B 412 und R 62 ermöglichen zahlreiche Varianten (siehe Karte).

Der Weinanbau im **»Blaufränkischland«** um ***Deutschkreutz*** kann auf eine sehr lange Tradition zurückblicken. Schon die Kelten und die Römer widmeten sich hier der Rebensaftproduktion. Der Einfluß der Weinkultur ging in dieser Region sogar soweit, daß während der Kuruzzenkriege

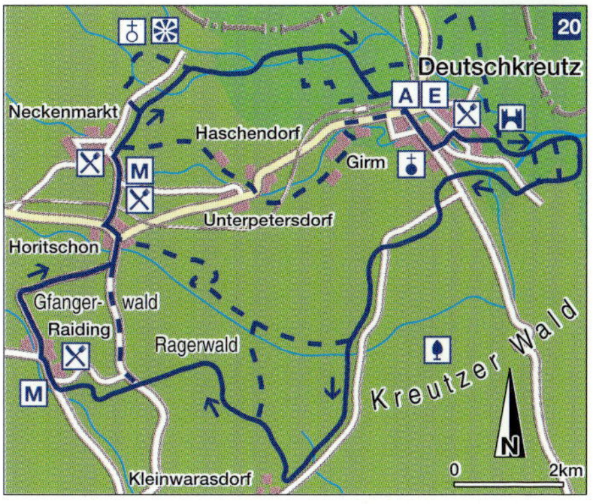


am Beginn des 18. Jahrhunderts jedes Jahr für die Weinlese ein Waffenstillstand geschlossen wurde.

Im »Blaufränkischland« werden von jeher verschiedene Rot- und Weißweinsorten kultiviert. Das beste Resultat im lehmreichen Boden und im milden Klima liefert aber die blaufränkische Rebe, aus der ein edler, taninreicher Rotwein gekeltert wird. Die Qualität dieses Weines wird durch Erfolge bei nationalen und internationalen Weinmessen regelmäßig bestätigt und kann in den Heurigen und Vinotheken geprüft werden. »Wein erleben – von der Rebe bis ins Glas« ist deshalb auch das Thema dieser Genußtour. Die Weinverkostung sollte erst am Ende der Tour stattfinden, damit Sie nicht in Schlangenlinien durch die Weingärten radeln.

Sie fahren vom ***Bahnhof Deutschkreutz*** nach links weg und biegen dann nach rechts in die ***Hauptstraße*** ein. Immer geradeaus radelnd, kommen Sie an der **Pfarrkirche** und der **Gebietsvinothek** im Tourismusbüro vorbei, die eine gute Möglichkeit zur Verkostung regionaler Weine ist. Sie verlassen die ***Hauptstraße*** nach links durch die ***Webergasse***, radeln dann rechts in die ***Neubaugasse*** hinein und sofort nach links durch den ***Schloßweg*** weiter, der Sie am **Schloß Deutsch-**

**kreutz** (siehe Tour 19) vorbei leitet. Hier stoßen Sie auf den lückenlos ausgeschilderten ***Rotweinradweg B40***, dem Sie gleich nach der Brücke nach links folgen. Nach einer kurzen Schiebestrecke durch das sanftgewellte Weinanbaugebiet haben Sie einen wunderschönen Panoramablick auf das ***Schloß*** und das ***Ödenburger Gebirge***. Der Radweg führt Sie direkt zur ungarischen Grenze, der Sie nach rechts folgen. Mit einer scharfen Rechtskurve und über eine Holzstiege, die speziell für Wanderer und Radfahrer angelegt wurde, kehren Sie der Grenze den Rücken. Nach dieser »Hürde« radeln Sie auf einem Hügelrücken weiter und können später das Rad zur Brücke beim Schloß Deutschkreutz hinunterrollen lassen. Danach folgen Sie dem Rotweinradweg B40 nach links und radeln im Auf und Ab in Richtung *Kleinwarasdorf*. Unterwegs dorthin müssen Sie eine starke Steigung im *Kreutzer Wald* bewältigen. Mit Schweißtropfen auf der Stirn beachtet beinahe niemand die einzigartigen Flaumeichbestände und sonstige seltene Pflanzen im schattenreichen Wald.
Am Ortsrand von **Kleinwarasdorf** schwenken Sie nach rechts auf einen Güterweg ein. Hier können Sie die Beine ausruhen lassen und die hügelige Umgebung genießen, während das Rad von alleine in ein Tal hinunterrollt. Vor Ihnen, am Fuße des ***Ödenburger Gebirges,*** tauchen die Silhouetten von ***Horitschon*** und ***Neckenmarkt*** auf. Bevor Sie diese traditionellen Weinorte durchqueren, führt Sie der Radweg B40 zuerst nach links durch den ***Rager-*** und ***Winkelwald*** nach **Raiding**, dem Geburtsort des berühmten Komponisten Franz Liszt (1811–1866). In seinem Geburtshaus, einem alten Maierhof im Ortszentrum, ist das **Franz-Liszt-Museum** untergebracht, das

**Unterwegs auf dem Rotweinradwanderweg passieren Sie in Raiding das zum Museum umgebaute Geburtshaus des weltbekannten Komponisten Franz Liszt.**

**Der Rotweinradwanderweg ist hervorragend ausgeschildert und verläuft größtenteils auf verkehrsarmen Güterwegen.**

Ihnen einen Einblick in das Leben und Schaffen des Komponisten gibt.
Von *Raiding* geht es dann auf dem Radweg in einem weiten Bogen nach rechts um den *Gfangerwald* herum. Über **Horitschon** erreichen Sie **Neckenmarkt**, wo Sie direkt am **Fahnenschwinger-** und **Weinbaumuseum** vorbeiradeln. Das Museum dokumentiert die Weinkultur in dieser Region und das traditionelle Neckenmarkter Fahnenschwingen, ein uralter Brauch, der jedes Jahr am Sonntag nach Fronleichnam wieder zum Leben erwacht. Die Wurzeln des Brauchs liegen im 17. Jahrhundert, als die Familie Esterházy den Ortsbewohnern eine Fahne schenkte, als Dank für ihren erfolgreichen Einsatz in der Schlacht bei Lackenbach.
Von Neckenmarkt leitet Sie der Radweg zum *Ödenburger Gebirge* und an dessen Fuße entlang nach Deutschkreutz zurück. Links von Ihnen erblicken Sie ein Zollhaus und dahinter an einem Hang die **Weinbergkapelle**, die dem Schutzpatron der Weinbauern, dem Heiligen Donatus oder »Schauerabkehrer«, gewidmet ist. Kurz nachdem Sie den *Rusterbach* überquert haben, verlassen Sie den Radweg B40 und radeln auf dem *Radweg R62* direkt auf das von weitem sichtbare Lagerhaus von **Deutschkreutz** zu. Am Ortsrand folgen Sie nach links den Gleisen, die Sie kurze Zeit später nach rechts überqueren. Sie gelangen so zur *Bundesstraße 62*, auf der es nach rechts zum Bahnhof Deutschkreutz, nach links ins Ortszentrum geht, wo Buschenschenken und Gasthöfe mit hausgemachter Kost, Rot- und Weißweinen aus der Region den Gaumen erfreuen.

**Radverleih**
*Deutschkreutz* (0 26 13): Bahnhof, Tel. 8 02 01; Gasthof Glöckl, Hauptstraße 53, Tel. 8 92 91; Gasthof Schreiner, Girmerstraße 45, Tel. 8 03 22.

**Übernachtungen unterwegs**
*Deutschkreutz*: siehe Tour 19. *Horitschon*: Gasthof Lazarus (mittel), Hauptstraße 41, Tel. (0 26 10) 22 96. *Neckenmarkt*: Gasthof Zur Traube (mittel), Herrengasse 42, Tel. (0 26 10) 22 56.

**Einkehrmöglichkeiten**
*Deutschkreutz*: siehe Tour 19. *Raiding*: Gasthaus Zur Lisztperle. *Horitschon*: Gasthof Lazarus. *Neckenmarkt*: Gasthaus Moritz.

**Öffnungszeiten**
*Deutschkreutz*: Gebietsvinothek, täglich 11 – 18 Uhr (im Sommer bis 19 Uhr). *Raiding*: Franz-Liszt-Museum, Ostern bis Oktober, täglich 9 – 12 und 13 – 17 Uhr. *Neckenmarkt*: Fahnenschwinger- und Weinbaumuseum, Ostern bis Oktober, Di – So 9 – 12 und 13 – 17 Uhr.

**Auskunft**
*Deutschkreutz*: siehe Tour 19. A-7350 *Oberpullendorf*: Tourismusverband Mittelburgenland, Hauptstraße 9, Tel. (0 26 12) 4 50 50.

**Kombinationen**
Mit den Touren 19, 21 und 22.

**Landkarten**
»Blatt 107, Mattersburg« und »Blatt 108, Deutschkreutz«, 1 : 50 000, Karten des Bundesamtes für Eich- und Vermessungswesen.

## 21 Badespaß und Entspannung in der Therme Lutzmannsburg

*Deutschkreutz – Kleinwarasdorf – Kroatisch Minihof – Lutzmannsburg – Deutschkreutz*

**Ausgangsort**
Bahnhof Deutschkreutz. Anreise: siehe Tour 20.

**Zielpunkt**
Deutschkreutz (Rundtour).

**Gesamttourenlänge**
42 km, alles asphaltiert.

**Zeitbedarf**
4 Stunden Radeln, 10 Minuten Schieben.

**Etappen**
Deutschkreutz – Kleinwarasdorf: 9 km; Kleinwarasdorf – Lutzmannsburg: 12 km; Lutzmannsburg – Deutschkreutz: 21 km.

**Steigungen**
150 Höhenmeter, verteilt auf 3 Etappen.

**Geländestruktur**
Hügeliges Weinanbau-, Wald- und Agrargebiet.

**Sehenswertes**
*Deutschkreutz*: siehe Tour 20.

**Günstigste Jahreszeit**
Mai bis September.

**Varianten**
Von Kleinwarasdorf über Nebersdorf und Kroatisch Geresdorf nach Lutzmannsburg.

**Eignung für Kinder**
Für Kinder besonders geeignete Tour.

Obwohl das **»Blaufränkischland«** abseits des *Neusiedler Sees* liegt, muß auf Badespaß in dieser Region nicht verzichtet werden. Neben dem *Ritzinger Stausee* und dem Schwimmbad in *Deutschkreutz* ist vor allem die **Familientherme »Barbablub«** in *Lutzmannsburg* in Sachen Badevergnügen besonders attraktiv. Und mit einer Kombination von Radeln und Baden lassen sich manchmal auch junge Familienmitglieder für eine Radtour begeistern. Wegen der Distanz und der Steigungen ist diese Tour aber weniger für sehr junge Pedalritter geeignet.

Sie verlassen den *Bahnhof Deutschkreutz* nach links und biegen dann nach rechts in die *Hauptstraße* ein, auf der Sie den Ort durchqueren (Wegweiser »Nikitsch«). Etwa einen Kilometer nach dem Ortsrand treffen Sie auf den *Rotweinradweg B40*, dem Sie rechts nach *Kleinwarasdorf* folgen. Unterwegs dorthin zwingt Sie eine starke Steigung im schattigen *Kreutzer Wald*, das Rad an die Hand zu nehmen. Dafür haben Sie mehr Zeit, um die besonderen Flaumeichbestände und andere seltene Pflanzenarten zu bewundern.

Nach der Schiebestrecke liegt der kräfteraubende Abschnitt hinter, das Genußradeln vor Ihnen. Am Ortsrand von **Kleinwarasdorf** verlassen Sie den *Radweg B40*, der rechts nach Raiding führt (siehe Tour 20). Sie radeln in den Ort hinein und biegen bei der *Dorfkirche* nach links in Richtung Kroatisch Minihof ab (Wegweiser »Nikitsch, Kroatisch Minihof«). Auf einer verkehrsarmen Landstraße erreichen Sie nach etwa 5 Kilometern **Kroatisch Minihof**, das durch den *Nikitschbach* von der Nachbargemeinde **Nikitsch** getrennt ist. An den Straßenbildern beider Dörfer und vor allem an den zweisprachigen Ortstafeln ist der kroatische Einfluß in dieser Gegend deutlich abzulesen. Auf der Flucht vor den Türken kamen Kroaten im 16. Jahrhundert in das heutige Grenzgebiet zwischen Österreich und Ungarn. Ermutigt durch die vorhandene Arbeit auf den Ländereien der Großgrundbesitzer,

Die Therme Lutzmannsburg »Barbablub« befindet sich am Ostrand des Ortes und sorgt mit Bädern, Rutschen, Saunas, Liegewiesen und Spielplätzen für Spaß und Entspannung.

**Schönwetter, Natur und Unterhaltungsmöglichkeiten sind sicher die besten Voraussetzungen, um auch die jüngeren Radfahrer zu einer Genußtour zu bewegen.**

siedelten sie sich hier an. Ihre Kultur wurde von Generation zu Generation weitergegeben und wird heute noch stets gepflegt.
In *Kroatisch Minihof* biegen Sie nach rechts in die *Hauptstraße* ein. Immer geradeaus radelnd, durchqueren Sie den Ort. Am Ortsrand biegen Sie nach links auf den *Güterweg Minihof-Lutzmannsburg* ein, der Sie nahe der ungarischen Grenze quer durch Agrarland und kleine Wälder in sanftem Auf und Ab nach **Lutzmannsburg** führt. Bereits von weitem ist am östlichen Ortsrand die *Therme Lutzmannsburg* sichtbar. Wer aber einen eleganten Kurort erwartet, wird sicher enttäuscht werden. Die Entwicklung von *Lutzmannsburg*, dem ältesten Markt des Burgenlandes (12. Jahrhundert), steckt noch tief in den Kinderschuhen. Daran hat auch der Fund einer hochmineralisierten Quelle und der Bau des modernen

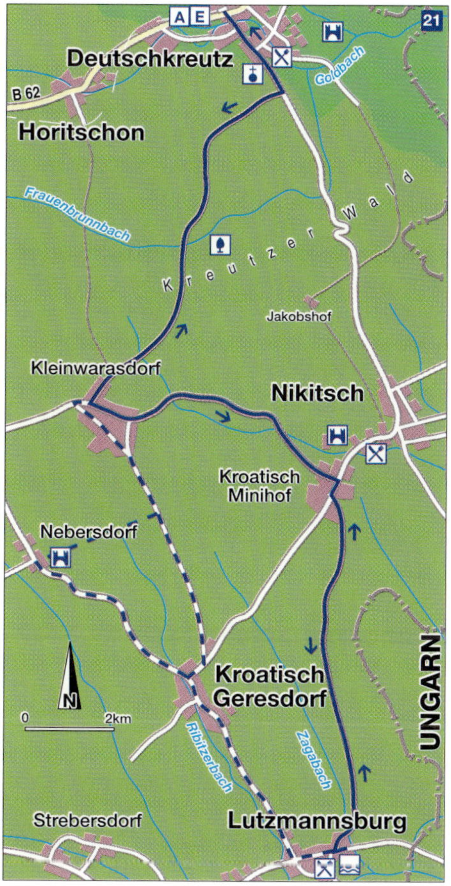


Thermalbades nichts geändert. Lediglich der Bau von zwei Hotels nahe der Therme läßt wirtschaftliche Impulse für die Zukunft erhoffen; von einem »Bad Lutzmannsburg« kann noch lange nicht gesprochen werden.
Das Thermalbad liegt etwa einen halben Kilometer östlich des Ortszentrums, am Fuße der *Lutscher Weinberge*, die den Ort gen Süden von Ungarn trennen. Es wurde 1986 als **Familientherme Lutzmannsburg-Frankenau »Barbablub«** eröffnet und sorgt mit Schwimm- und Sprudelbecken, einer Wasserrutsche, Liegewiesen und einem Spielgarten für Entspannung, Spaß und Erholung für die ganze Familie. Zudem gibt es ein Dampfbad für die Reinigung des Körpers vom »Blaufränkischen«, stehen Masseure für die verhärteten Muskeln zur Verfügung und wurde der ***Thermenradweg B43*** angelegt. Er ist ein Rundkurs und führt Sie unter anderem entlang der ungarischen Grenze und durch **Strebersdorf** hindurch, wo einst die ***Römische Bernsteinstraße*** gen Norden verlief. Vom Thermalbad radeln Sie auf dem gleichen Weg nach **Deutschkreutz** zurück, wo sich dieser erholsame Tag mit Kulinarischem abschließen läßt.

**Radverleih**
*Deutschkreutz*: siehe Tour 20.

**Übernachtungen unterwegs**
*Deutschkreutz*: siehe Tour 19. *Nikitsch* (0 26 14): Gasthof Zur Post (preiswert), Hauptstraße 122, Tel. 82 21. *Lutzmannsburg*: Gasthof Pacher (preiswert), Hauptstraße 8–10, Tel. (0 26 15) 72 12; Thermenhotel Vier Jahreszeiten (gehoben); Sporthotel Kurz (gehoben).

**Einkehrmöglichkeiten**
*Deutschkreutz*: siehe Tour 19. *Kleinwarasdorf*: Gasthof Janits. *Nikitsch*: Gasthof Zur Post; Gasthof Mersich. *Lutzmannsburg*: Thermenrestaurant.

**Öffnungszeiten**
*Deutschkreutz*: siehe Tour 19. *Lutzmannsburg*: Thermalbad, täglich 9–21 Uhr.

**Auskunft**
*Deutschkreutz*: siehe Tour 20.
A-7361 *Lutzmannsburg*: Thermeninformation, Tel. (0 26 15) 8 71 71.

**Kombinationen**
Mit den Touren 19 und 20.

**Landkarten**
Siehe Tour 20. »Blatt 139, Lutzmannsburg«, 1 : 50 000, Karte des Bundesamtes für Eich- und Vermessungswesen.

## 22 Kultur- und Keramik-Tour

*Kobersdorf – Tschurndorf – Weppersdorf – Lackenbach – Unterfrauenhaid – Stoob – Neutal – Markt Sankt Martin – Lindgraben – Kobersdorf*

**Ausgangsort**
Kobersdorf. Anreise mit dem Bus von Mattersburg, Deutschkreutz (Umsteigen in Weppersdorf) oder Oberpullendorf.

**Zielpunkt**
Kobersdorf (Rundtour).

**Gesamttourenlänge**
31 km, alles asphaltiert.

**Zeitbedarf**
3 Stunden Radeln, 20 Minuten Schieben, 1,5 Stunden Besichtigen.

**Etappen**
Kobersdorf – Lackenbach: 9,5 km; Lackenbach – Stoob: 9,5 km; Stoob – Kobersdorf: 12 km.

**Steigungen**
117 Höhenmeter, verteilt auf 3 Etappen.

**Geländestruktur**
Sanft gewelltes Gebiet mit Agrarflächen, Wäldern und teils stärkerer Besiedlung.

**Sehenswertes**
*Kobersdorf* und *Lackenbach*: je ein Schloß. *Stoob*: Töpfermuseum; Töpfereien.

**Günstigste Jahreszeit**
Mai bis September.

**Varianten**
Ausgangspunkt kann auch Lackenbach sein, das Sie mit dem Zug oder auf dem Radweg R62 von Deutschkreutz (siehe Tour 20) aus erreichen.

Daß im **»Blaufränkischland«** sich nicht alles um den Wein dreht, zeigt sich im landesweit bekannten Töpferdorf ***Stoob*** und in ***Kobersdorf***, wo jeden Sommer im gleichnamigen Schloß diverse Konzerte und Theateraufführungen stattfinden – eventuell ein guter Abschluß für diese Rundtour. Im Zentrum von **Kobersdorf**, ausgehend vom Gasthaus »Rosa und Erich«, radeln Sie durch die ***Hauptstraße*** in Richtung ***Oberpetersdorf***. Sie biegen dann nach rechts in die ***Schloßgasse*** ein und kommen so am **Renaissanceschloß Kobersdorf** vorbei. Es ist leicht vorstellbar, daß dieses Wasserschloß mit seinen eindrucksvollen Rundtürmen, seinen dicken Mauern und seinem breiten Wassergraben einst nur schwer zu erobern war. Der Graben ist mittlerweile trockengelegt, doch das Schloß erweckt noch stets den Eindruck einer uneinnehmbaren »Insel«. Über eine längst ausgediente Ziehbrücke gelangt man in den arkadengesäumten Schloßhof, in dem unter freiem Himmel die Bühne für diverse Veranstaltungen aufgebaut ist.
Beim Schloß treffen Sie auf den ausgeschilderten ***Radweg B42***, der Sie durch eine wunderschöne Allee und auf einem ordentlich ansteigenden Güterweg aus dem Ort hinausführt. Am höchsten Punkt des Weges breitet sich vor Ihnen das Tal des ***Stoober Baches*** aus. Nun können Sie das Rad unter der ***Schnellstraße S31*** hindurch hinunterrollen lassen nach **Tschurndorf**. An der ***Hauptstraße*** ignorieren Sie die Radtafeln, die Sie geradeaus und mit einer ziemlich starken Steigung um den Ort leiten. Sie durchqueren statt dessen nach rechts den Ort, biegen am Ortsrand nach links in die ***Feldgasse*** ein und stoßen am linken Ufer des ***Stoober Baches*** wieder auf den ***Radweg B42***, dem Sie rechts nach **Weppersdorf** folgen. Hier wechseln Sie an das rechte Ufer. Sie radeln dann am Bach entlang und weiter bis zur ***Hauptstraße***, an der die Tour nach links und zunächst mit einer starken Steigung nach ***Lackenbach*** weiterführt

**Der Zahn der Zeit nagt ständig am ehemaligen Wasserschloß Kobersdorf, das – wie viele Schlösser im Burgenland – einst zum Besitz der Fürstenfamilie Esterházy gehörte.**

(Wegweiser »Deutschkreutz, Grenzübergang«). Der ausgeschilderte Radweg verläuft dabei kurz auf der *Bundesstraße 62*, die außerhalb des Ortes auf die *Schnellstraße S 31* trifft. In der Nähe dieser Kreuzung gibt es links neben der Straße einen Güterweg, auf dem Sie ohne Verkehrsbelästigung nach **Lackenbach** gelangen. Sie radeln nach links in den Ort hinein, halten sich beim *Gasthaus Weninger* nach rechts und gelangen so wieder aus dem Ort hinaus. Bevor Sie den Ort verlassen, treffen Sie auf das wehrhafte **Schloß Lackenbach**, dessen Basis eine Wasserburg aus dem 16. Jahrhundert bildet. 1618 kam die Burg in den Besitz der Fürstenfamilie Esterházy, die sie zum Schloß umbauen ließ. Das Schloß Lackenbach ist im Vergleich mit anderen Esterházy-Schlössern wenig prunkvoll ausgestattet. Die Hauptattraktion ist der Arkadenhof, der zu den schönsten seiner Art im Burgenland zählt.

Kurz nach den letzten Häusern taucht rechts der *Bahnhof Lackenbach* und vor Ihnen der barocke Zwiebelturm der Dorfkirche von **Unterfrauenhaid** auf, dem nächsten Ort auf dieser Tour. Die Wegweiser »Unterfrauenhaid, Raiding« leiten Sie direkt in den Ort hinein. Bei der *Kirche* biegen Sie nach rechts in die *Hauptstraße* ein, auf der Sie geradeaus den Ort durchqueren. Nach einer leichten Steigung und mit *Unterfrauenhaid* im Rücken biegen Sie nach links auf den Güterweg nach *Stoob* ein. Er führt Sie geradeaus zur

**Stoob ist als traditioneller Keramikort bis weit über die burgenländischen Grenzen hinaus bekannt und begrüßt seine Gäste auf passende Weise: mit einem riesengroßen Tonkrug.**

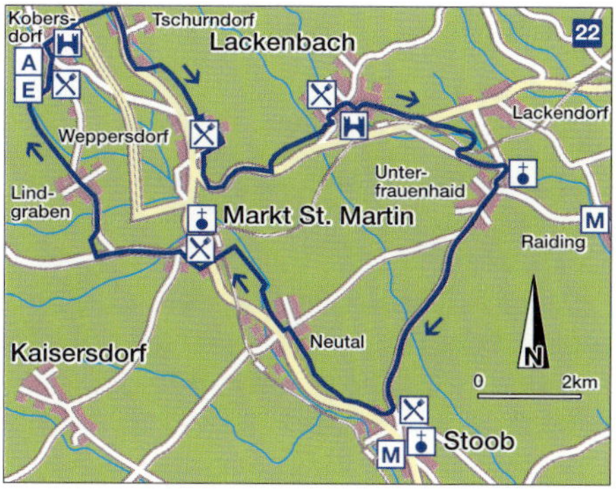


*Hauptstraße*, auf der Sie nach links in das Zentrum gelangen.

**Stoob** ist seit dem 17. Jahrhundert der Mittelpunkt der Töpfermeister, die in der umliegenden Hügellandschaft das Basismaterial für ihre Arbeit fanden und für die heute hochwertigen **Sinterkeramiken** noch immer finden. Das Ortsbild ist denn auch von Tongefäßen in allen Größen und Formen geprägt, und die Geschäfte beidseitig der *Hauptstraße* verkaufen diverse Keramikgegenstände, die unter anderem von der renommierten Stoober *Fachschule für Keramik* stammen. Wer mehr über das traditionelle Handwerk erfahren möchte, dem ist der Besuch des **Töpfermuseums** in der *Larnhof Keramik* zu empfehlen. Der Weg dorthin ist ausgeschildert, und der Museumsbesuch kann mit der Besichtigung dieser oder einer anderen Töpferei noch zusätzlich angereichert werden.

Sie verlassen das Stoober Zentrum auf der *Hauptstraße* in Richtung Norden und radeln ab dem Ortsrand auf dem *Radweg R50* entlang dem *Stoober Bach* über **Neutal** nach **Markt Sankt Martin** weiter. Hier stoßen Sie auf den *Radweg B42*, auf dem Sie nach links den Ort durchqueren und dann auf einer leicht ansteigenden Landstraße in Richtung *Neudorf-Landsee* weiterradeln. Unterwegs erblicken Sie die oberhalb des gleichnamigen Ortes liegende **Ruine Landsee** (12. Jahrhundert), rechts davon den 761 Meter hohen *Pauliberg*, einen ehemaligen Vulkan, an dem heute Basalt für den Straßenbau abgebaut wird. Etwa auf halber Strecke zwischen *Markt Sankt Martin* und *Neudorf* biegen Sie rechts nach **Lindgraben** ab. Im Ort ignorieren Sie die Radwegtafeln, die Sie über starke Steigungen um den Ort leiten. Sie radeln statt dessen geradeaus weiter und biegen am Ortsrand nach links, dann nach rechts auf den *Radweg B42* ein, auf dem Sie nun gemütlich zurück nach **Kobersdorf** gelangen.

**Radverleih**
*Kobersdorf*: Hotel Waldhof, Am Waldhof 1, Tel. (0 26 18) 89 50. *Stoob*: Café/Restaurant Dorner, Hauptstraße 75, Tel. (0 26 12) 4 24 63.

**Übernachtungen unterwegs**
*Kobersdorf*: Hotel Waldhof (mittel), Am Waldhof 1, Tel. (0 26 18) 89 50. *Stoob*: Stooberhof (preiswert), Hauptstraße 65, Tel. (0 26 12) 4 24 35.

**Einkehrmöglichkeiten**
*Kobersdorf*: Gasthaus Rosa und Erich; Restaurant Waldhof. *Weppersdorf*: Gasthaus Berlakovich. *Lackenbach*: Gasthaus Weninger. *Stoob*: Gasthof Boross; Stooberhof. *Markt Sankt Martin*: Gasthof Moschitz.

**Öffnungszeiten**
*Kobersdorf*: Schloß Kobersdorf, nur im Juli und im August vor Veranstaltungen. *Stoob*: Töpfermuseum, Mo–Fr 9–16 Uhr.

**Auskunft**
Tourismusverband Mittelburgenland: siehe Tour 20.

**Kombinationen**
Mit der Tour 20.

**Landkarten**
»Blatt 107, Mattersburg«, 1 : 50 000, Karte des Bundesamtes für Eich- und Vermessungswesen.

# Begegnung mit dem Südburgenland

## 23 Thermalbäder und Edelsteine

*Bad Tatzmannsdorf – Jormannsdorf – Mariasdorf – Rettenbach – Bernstein – Oberhasel – Grodnau – Bergwerk – Neustift – Bad Tatzmannsdorf*

**Ausgangsort**
Bad Tatzmannsdorf, Zentrum. Anreise mit dem Bus von Oberpullendorf oder Oberwart.

**Zielpunkt**
Bad Tatzmannsdorf (Rundtour).

**Gesamttourenlänge**
25 km, alles asphaltiert.

**Zeitbedarf**
2,5 bis 3 Stunden Radeln, 40 bis 50 Minuten Schieben, 2 bis 3 Stunden Besichtigen.

**Etappen**
Bad Tatzmannsdorf – Mariasdorf: 5 km; Mariasdorf – Bernstein: 6 km; Bernstein – Bad Tatzmannsdorf: 14 km.

**Steigungen**
67 Höhenmeter auf der ersten, 205 Höhenmeter auf der zweiten und 83 Höhenmeter auf der dritten Etappe.

**Geländestruktur**
Stark hügeliges Gebiet mit Agrarflächen, ausgedehnten Wäldern und kleinen Dörfern.

**Sehenswertes**
*Bad Tatzmannsdorf*: Freilichtmuseum; Brotmuseum; Kurmuseum. *Mariasdorf*: Wallfahrtskirche. *Bernstein*: Burg; Felsenmuseum; Edelserpentin-Schleiferei.

**Günstigste Jahreszeit**
Mai bis September.

**Varianten**
Tour in Gegenrichtung.

Das **Südburgenland** ist bei den meisten Touristen noch ein weißer Fleck auf der Landkarte und steht im Schatten der Ferienregion ***Neusiedler See***, dem Aushängeschild des Burgenlandes schlechthin. Wer nur in der Seeregion radelt, der bekommt den Eindruck, als würde das jüngste Bundesland Österreichs nur aus Weingärten, Obsthainen und Steppenlandschaften bestehen. Um Burgenlands kulturelle und landschaftliche Vielfalt zu begegnen, sollten Sie deshalb einen Abstecher in den Süden machen, wo die waldreiche Hügel- und Terrassenlandschaft im sehr reizvollen Kontrast zur fast brettlebenen Seeregion steht. Idyllische Dörfer, kleine Museen, imposante Burgen und nicht zuletzt das bezaubernde ***Lafnitztal*** tragen ihres dazu bei.

Wir haben im ***Südburgenland*** 8 Touren zusammengestellt und auf Grund der touristischen Infrastruktur den Kurort **Bad Tatzmannsdorf** als Ausgangs- und/oder Zielpunkt für die ersten drei Touren gewählt. Von der ***Kurverwaltung*** im Ortszentrum radeln Sie durch die ***Kirchengasse*** weg, an der modernen Kirche vorbei und am Kurpark entlang. Am Ende der Gasse stoßen Sie direkt auf das **Freilichtmuseum**. In dieser weitläufigen Anlage stehen 24 strohgedeckte und voll eingerichtete Bauernhäuser und Wirtschaftsgebäude aus dem 18. und 19. Jahrhundert, die Ihnen ein lebhaftes Bild von der einstigen Lebensweise südburgenländischer Bauern geben.

Wer sich den Museumsbesuch für das Tourende aufbewahrt, der biegt vor dem Museum nach rechts ab und verläßt den Ort auf der ***Jormannsdorfer Straße***. Sie überqueren dann die ***Bundestraße B50***

(Vorsicht!) und folgen dem ***Radweg B53*** durch **Jormannsdorf**, das Sie auf einer stark ansteigenden Straße verlassen. Am höchsten Punkt der Straße erblicken Sie in weiter Ferne bereits das nächste Ziel: die gotische **Wallfahrtskirche** von **Mariasdorf**, die sich hoch über das an einen Hang erbaute Dorf erhebt. Die imposante Kirche wurde besonders harmonisch in die Landschaft eingefügt und gilt als eines der bedeutendsten sakralen Bauwerke des Burgenlandes. Ihr Innenraum ist ein wahres Schmuckkästchen und lohnt allemal einen Besuch.
Der ***Radweg B53*** bringt Sie mit einer sehr starken Steigung direkt an der Kirche vorbei und dann in Serpentinen hinunter zum *Tauchenbach*. Nach seiner Überquerung folgen Sie der Landstraße nach links, später nach rechts (Wegweiser »Rettenbach«). Nach der Rechtskurve führt der Radweg nach rechts steil hoch zur ***Bundesstraße 50*** (Schieben) und auf ihr nach ***Bernstein*** hinein. Wegen des Verkehrs empfehlen wir Ihnen, geradeaus nach **Rettenbach** weiterzuradeln, wo Sie nach rechts dem Wegweiser »Ortsmitte« folgen. Sie biegen dann beim ***Gasthof Bock*** nochmals nach rechts ab und gelangen so auf den stark ansteigenden Güterweg nach *Bernstein*. Auch auf ihm ist Radeln die Ausnahme, Schieben die Regel. Nach etwa einem Kilometer erreichen Sie die *Hauptstraße* von **Bernstein**, der Sie nach links bis zum *Hauptplatz* folgen. Hier geht es links zur **Burg Bernstein**, einer mittelalterlichen Festungsanlage, die heute als stilvolles Hotel eingerichtet ist. Der parkähnliche Burghof ist frei zugänglich und schon wegen der fantastischen Aussicht einen Besuch wert. Bei klarem Wetter reicht der Fernblick von der südburgenländischen Hügellandschaft bis hin zur Buckeligen Welt an der niederösterreichisch-steirischen Grenze.

**Die Höfe und Wirtschaftsgebäude im Freilichtmuseum von Bad Tatzmannsdorf lohnen auf jeden Fall einen Besuch.**

Auf dem Weg zur Burg kommen Sie am **Felsenmuseum** vorbei, das unterhalb eines Geschäftes in einem ehemaligen Stollen eingerichtet wurde. Auf eindrucksvolle Weise wird hier die Bergbaugeschichte von ***Bernstein*** dokumentiert, die bis in das Mittelalter zurückreicht. Damals wurde, entgegen allen Vermutungen, die der Ortsname hervorruft, Kupfer- und

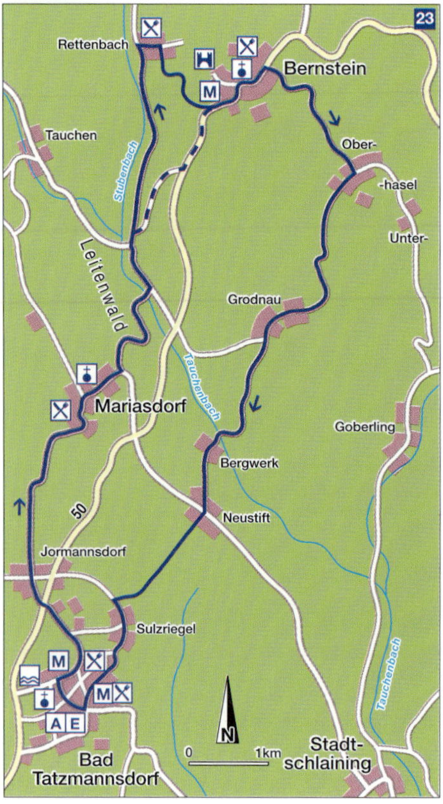


Schwefelkies abgebaut. Ab dem 19. Jahrhundert stand die Gewinnung von Edelserpentin im Vordergrund. Die kunstvolle Verarbeitung dieses tiefgrünen Gesteins können Sie in einer **Schleiferei** am Hauptplatz oder in den Geschäften bewundern.

Sie verlassen den ***Hauptplatz*** nach rechts durch die ***Marktgasse***, radeln hinter der Kirche nach links weiter und kommen an die ***Hauptstraße*** zurück. Ihr folgen Sie nach rechts auf einem Rad- und Fußgängerweg bis zur Abzweigung nach ***Hasel*** (Wegweiser »Hasel«). Hier treffen Sie wieder auf den ***Radweg B53***, der Sie nach rechts über **Oberhasel**, **Grodnau**, **Bergwerk**, **Neustift** und **Sulzriegel** nach **Bad Tatzmannsdorf** leitet. Unterwegs müssen Sie hin und wieder ordentlich in die Pedale treten oder das Rad schieben. Doch nach jeder Steigung folgt auch ein Gefälle – und das ist die beste Voraussetzung, um die reizvolle Hügellandschaft voll zu genießen.

**Radverleih**
*Bad Tatzmannsdorf* (0 33 53): Reisebüro Sodl, Joseph-Haydn-Platz 5, Tel. 83 22; Elan-Tankstelle, Tel. 82 25; zudem sind bei vielen Unterkünften Räder erhältlich.

**Übernachtungen unterwegs**
*Bad Tatzmannsdorf* (0 33 53): Hotel Steigenberger (gehoben), Am Golfplatz, Tel. 8 84 10; Hotel Waldfriede (mittel), Parkstraße 10, Tel. 82 49; Pension Martinihof (preiswert), Jormannsdorfer Straße 22, Tel. 87 30.

**Einkehrmöglichkeiten**
*Bad Tatzmannsdorf*: Kurcafé und -konditorei; Restaurant Wintergarten. *Mariasdorf*: Gasthaus Szendi. *Bernstein*: Café Postkastl; Gasthof Heanzenhof.

**Öffnungszeiten**
*Bad Tatzmannsdorf* (0 33 53): Freilichtmuseum, täglich 9–18 Uhr; Kurmuseum, Sa und So 9.30–13 Uhr; Brotmuseum, nur während der Geschäftszeiten der Kurkonditorei. *Bernstein*: Burg, Mai bis Oktober, täglich 9–17 Uhr; Felsenmuseum und Edelserpentin-Schleiferei, März bis Dezember, täglich 9–12 und 13.30–18 Uhr.

**Auskunft**
A-7431 *Bad Tatzmannsdorf*: Kurverwaltung, Joseph-Haydn-Platz 1, Tel. (0 33 53) 8 28 40. A-7434 *Bernstein*: Verkehrsbüro im Gemeindeamt, Alois-Wessely-Platz 6, Tel. (0 33 54) 65 02.

**Kombinationen**
Mit den Touren 24 und 25.

**Landkarten**
»Blatt 137, Oberwart«, 1 : 50 000, Karte des Bundesamtes für Eich- und Vermessungswesen.

## 24 Durch das »Herz« der Wart

*Bad Tatzmannsdorf – Sankt Martin – Eisenzicken – Unterwart – Rotenturm – Siget – Spitzzicken – Stadtschlaining – Drumling – Bad Tatzmannsdorf*

**Ausgangsort**
Bad Tatzmannsdorf, Zentrum. Anreise: siehe Tour 23.

**Zielpunkt**
Bad Tatzmannsdorf (Rundtour).

**Gesamttourenlänge**
32 km. Bis auf circa 1 km alles asphaltiert.

**Zeitbedarf**
3,5 Stunden Radeln, 10 bis 20 Minuten Schieben, 1,5 bis 2 Stunden Besichtigen.

**Etappen**
Bad Tatzmannsdorf – Unterwart: 13 km; Unterwart – Stadtschlaining: 13 km; Stadtschlaining – Bad Tatzmannsdorf: 6 km.

**Steigungen**
135 Höhenmeter, verteilt auf 2 Etappen.

**Geländestruktur**
Ebenes Gebiet mit Wiesen und Feldern auf der ersten Etappe. Hügeliges, waldreiches Gelände auf der zweiten und dritten Etappe.

**Sehenswertes**
*Bad Tatzmannsdorf*: siehe Tour 23. *Unterwart*: Heimatmuseum. *Rotenturm*: Schloß und Schloßpark. *Stadtschlaining*: Burg; Friedensbibliothek.

**Günstigste Jahreszeit**
Mai bis September.

**Varianten**
Von Eisenzicken gleich nach Spitzzicken – verkürzt die Tour um circa 11 km.

Im *Burgenland* begegneten sich schon immer westliche und östliche Kulturen. *Kroaten* sind seit Jahrhunderten vorwiegend im Nord- und im Mittelburgenland beheimatet, während im Süden des Bundeslandes die Traditionen der *Ungarn* hervortreten. Auffallendste Elemente der ungarischen Kultur sind die hübschen Arkadenhöfe, die vielerorts das Straßenbild prägen. Im 10. Jahrhundert wurden Ungarn beidseitig der **Pinka** als *Grenzwärter* angesiedelt; eine Bezeichnung, die vom mittelhochdeutschen »Wart« (= Wachposten) abgeleitet wurde. An die Schutzfunktion, die auch zum Namen des Siedlungsgebietes **»In der Wart«** führte, erinnern noch heute einige Orte mit ihrem Namensteil »Wart« oder »Schützen«.

Tour 24 durchquert das »Herz« der Wart östlich von *Oberwart*, in dem es viel Kulturelles, aber auch Kurioses zu entdecken gibt. Von der *Kurverwaltung* im Zentrum von **Bad Tatzmannsdorf** radeln Sie in Richtung Kurkonditorei, in der das **Brotmuseum** untergebracht ist. Sie biegen nach rechts in die *Hauptstraße* und später links-rechts in die *Hofgasse* ein (Wegweiser »Thermenweg«). Kurz nach den letzten Häusern unterqueren Sie die Landstraße nach Drumling. Sie radeln nun am *Tsachbach* entlang, überqueren ihn später nach rechts und stoßen auf den *Vier-Jahreszeiten-Radweg B50*. Er leitet Sie nach links am Golfplatz und am Bach entlang, nach rechts über die Bahn und an der T-Kreuzung nach links über **Sankt Martin** nach **Eisenzicken**. An der T-Kreuzung im Ort verlassen Sie den Radweg, der links direkt nach *Spitzzicken* führt (verkürzte **Variante**). Sie radeln nach rechts weiter, am *Gasthaus Baliko* vorbei und müssen dann mit einer Linkskurve einen kleinen Hügelrücken »erklimmen«.

Nach etwa einem halben Kilometer liegt die Steigung hinter Ihnen, und Sie haben freie Sicht auf das **Pinkatal**, in dem das

Die wehrhafte mittelalterliche Burg Schlaining, östlich von Bad Tatzmannsdorf gelegen, gehört zu den schönsten und besterhaltenen Festungen des Burgenlandes.

**Das Heimatmuseum in Unterwart vermittelt einen guten Eindruck von der Lebensweise und der Geschichte der ungarischen Bevölkerungsgruppe im Burgenland.**

auffallend rote ***Schloß Rotenturm*** den Blickfang bildet. Nach einer kurzen Abfahrt überqueren Sie schräg nach rechts die ***Bundesstraße 63*** (Vorsicht!) und die Bahn. Danach radeln Sie geradewegs nach **Rotenturm** hinein, das sich am rechten Pinkaufer erstreckt. An der T-Kreuzung im Ort können Sie nach links gleich zum Schloß Rotenturm abbiegen oder nach rechts einen Abstecher zum netten **Unterwarter Heimatmuseum** machen (circa 2 km retour). Es befindet sich direkt an der ***Hauptstraße*** in einem mit Arkaden geschmückten Bauernhof aus dem 19. Jahrhundert und beleuchtet unter anderem mit Bauernmöbeln, Trachten, Haushaltsgeräten, Fotos und Dokumenten die ungarische Tradition in dieser Gegend.

Vom Museum geht es wieder zur Kreuzung zurück und immer geradeaus zum **Romantikschloß Rotenturm**, das zwischen 1860 und 1862 von Graf Erdödy erbaut wurde. Das Kulturdenkmal wirkt durch seine spanisch-maurische Architektur kurios in dieser Gegend und ist leider nur von außen zu besichtigen; der Park ist aber frei zugänglich.

Am ***Schloß Rotenturm*** radeln Sie nach links entlang dem Schloßpark weiter. Mit

# 24 Durch das »Herz« der Wart

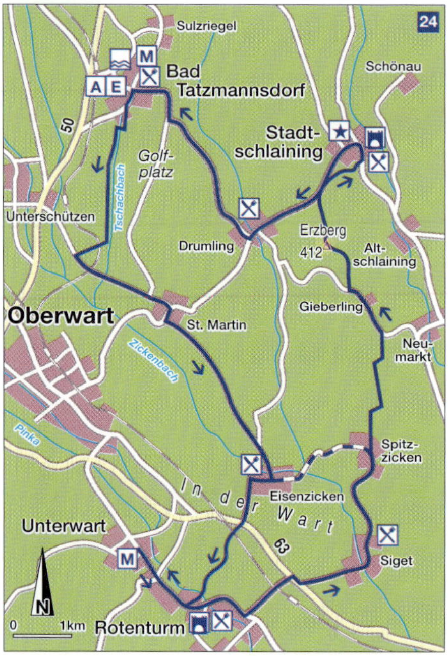


einer Rechts- und Linkskurve gelangen Sie zur ***Bundesstraße 63*** zurück, die Sie schräg nach rechts überqueren (Vorsicht!). Sie gelangen so auf eine Landesstraße, auf der Sie über **Siget** und **Spitzzicken** Richtung *Neumarkt* im *Tauchental* weiterfahren. Etwa einen Kilometer vor Neumarkt leitet Sie nach links der *Vier-Jahreszeiten-Radweg B50* nach **Stadtschlaining**. Kurz davor stoßen Sie auf die Landesstraße nach Drumling, der Sie nach rechts folgen. Am Ortsrand teilt sich der Radweg zu einem Rundkurs durch *Stadtschlaining*. Es ist egal, ob Sie geradeaus oder nach rechts weiterradeln: Sie kommen in jeden Fall an der **Burg Schlaining** vorbei, die den idyllischen Ort eindeutig beherrscht. Die imposante mittelalterliche Wehranlage gehört zu den am besten erhaltenen Bollwerken des Burgenlandes und beherbergt heute das *Institut für Friedensforschung*. Die wertvollen, historischen Räume sind für die Öffentlichkeit frei zugänglich.

Bevor Sie die letzten Kilometer dieser Tour zurücklegen, können Sie sich in der *Burgtaverne* stärken. Sie verlassen dann auf dem *Radweg B50* den Ort und radeln auf der bei der Hinfahrt kurz benutzten Landesstraße nach **Drumling** hinein. Beim *Gasthof Baier* geht es nach rechts und in sanftem Auf durch den *Lichtenwald* nach **Bad Tatzmannsdorf** zurück. Unterwegs zum Kurort passieren Sie das *Hotel Steigenberger*. Sie biegen hier nach rechts ab, halten sich links an der folgenden Kreuzung und können das Rad nun durch die *Glockenstraße* in das Ortszentrum hinunterrollen lassen.

**Radverleih**
*Bad Tatzmannsdorf*: siehe Tour 23.

**Übernachtungen unterwegs**
*Stadtschlaining*: Burghotel (gehoben), Klingergasse 2–4, Tel. (0 33 55) 2 60 00. *Bad Tatzmannsdorf*: siehe Tour 23.

**Einkehrmöglichkeiten**
*Eisenzicken*: Gasthaus Baliko. *Rotenturm*: Schloßcafé. *Siget*: Dorfheuriger. *Stadtschlaining*: Burgtaverne; Gasthof Zur Burg. *Drumling*: Gasthof Baier. *Bad Tatzmannsdorf*: siehe Tour 23.

**Öffnungszeiten**
*Unterwart*: Heimatmuseum, keine festen Zeiten (Schlüssel schräg gegenüber im Haus Nummer 20 erhältlich). *Stadtschlaining*: Burg, Di–So 9–12 und 13–17 Uhr. *Bad Tatzmannsdorf*: siehe Tour 23.

**Auskunft**
*Bad Tatzmannsdorf*: siehe Tour 23.

**Kombinationen**
Mit den Touren 23 und 25.

**Landkarten**
Siehe Tour 23.

## 25 Von Bad Tatzmannsdorf nach Pinkafeld

*Bad Tatzmannsdorf – Unterschützen – Wiesfleck – Pinkafeld*

**Ausgangsort**
Bad Tatzmannsdorf, Zentrum. Anreise: siehe Tour 23.

**Zielpunkt**
Pinkafeld. Zurück mit der Bahn oder dem Bus bis Oberwart und von dort weiter mit dem Bus oder mit dem Rad.

**Gesamttourenlänge**
19 km, davon die Hälfte unasphaltiert.

**Zeitbedarf**
2 Stunden Radeln, 10 Minuten Schieben, 30 bis 40 Minuten Besichtigen.

**Etappen**
Bad Tatzmannsdorf – Pinkafeld: 19 km.

**Steigungen**
74 Höhenmeter.

**Geländestruktur**
Außer einer starken Steigung zwischen Wiesfleck und Pinkafeld nahezu ebenes, größtenteils landwirtschaftlich genutztes Gelände.

**Sehenswertes**
*Pinkafeld:* Altstadt, Schloß Batthyány.

**Günstigste Jahreszeit**
Mai bis September.

**Zu beachten**
Nach schweren Regenfällen können Abschnitte zwischen Unterschützen und Wiesfleck ziemlich matschig sein.

**Varianten**
Zielpunkt kann auch Oberwart sein (dann um 12 km länger).

Tour 25 führt Sie von ***Bad Tatzmannsdorf*** nach **Pinkafeld**, in die älteste deutsche Siedlung des Burgenlandes. Unterwegs gibt es keine kulturellen Höhepunkte, dafür ländliche Idylle in einer von Wäldern, Wiesen und kleinbäuerlichen Kulturen geprägten Landschaft.

Vom Zentrum des Kurortes folgen Sie zunächst unserer Tour 24 aus dem Ort hinaus und am Golfplatz entlang bis an die T-Kreuzung nach der Bahn. Tour 24 zweigt hier links nach ***Sankt Martin*** (Vier-Jahreszeiten-Radweg B50) ab. Die Tour 25 führt Sie dagegen rechts nach ***Unterschützen*** weiter. An der folgenden Kreuzung halten Sie sich links. Sie überqueren geradeaus die ***Bundesstraße 63*** (Vorsicht!) und radeln nach **Unterschützen** hinein. Hier folgen Sie stets der Durchfahrtsstraße, die Sie nach rechts zur ***Dorfkirche*** und dann wieder nach rechts aus dem Ort leitet.

Nach der Überquerung des ***Seraubaches*** schwenken Sie nach links auf einen unasphaltierten Weg ein. Die nächsten 5 Kilometer radeln Sie nun gemütlich durch flaches Agrarland, immer am Bach entlang. Unterwegs halten Sie sich an einer Gabelung links, und auf Höhe einer ***kleinen Brücke*** radeln Sie nach rechts zur Landesstraße. Sie fahren auf ihr nach links weiter und biegen vor der **Sixtina-Quelle** nach rechts auf den ***Güterweg Wiesfleck-Sixtina*** ein.

Vor Ihnen liegt nun eine landschaftlich schöne Etappe, die nach ca. 5 Kilometern im idyllischen **Wiesfleck** endet. Sie durchqueren geradeaus dieses langgezogene Dorf und ignorieren im Zentrum den Wegweiser »Pinkafeld«, der nach links über eine verkehrsreiche Landstraße zum Tourziel leitet. Statt dessen biegen Sie ungefähr einen halben Kilometer später nach links in eine schmale Straße ein. Die Abzweigung ist leicht zu verpassen und liegt unmittelbar vor einer auffallenden Straßengabelung. Mit dem Radeln ist es vorerst zu Ende. Die schmale Straße

**In der von Landwirtschaft geprägten, ruhigen Gegend zwischen Bad Tatzmannsdorf und Pinkafeld sorgen Senfblüten für gelbe Farbtupfer in der Landschaft.**

führt mit einer scharfen Rechtskurve sehr steil hoch auf einen Hügelrücken, der *Wiesfleck* vom **Pinkatal** trennt. Nach einer weiteren, aber diesmal sanfteren Steigung ist die letzte Hürde genommen. Nun rollt das Rad von alleine nach **Pinkafeld** hinunter, und Sie können dabei den Blick auf die Kleinstadt und das Tal in aller Ruhe genießen. An der T-Kreuzung am Ortsrand radeln Sie nach links weiter. Sie schwenken dann nach rechts in die ***Maria-Theresia-Straße*** ein, überqueren die ***Bundesstraße 63*** und radeln links-rechts durch die ***Turbagasse***

*Pinkafeld* wurde im 9. Jahrhundert erstmals urkundlich erwähnt und erlebte ab dem Mittelalter als Handwerksstadt eine wirtschaftliche Blüte. Heute ist die 5 000 Einwohner zählende Stadt das Wirtschafts- und Schulzentrum der Region. Da große Teile der Altstadt im 19. Jahrhundert mehreren Großbränden zum Opfer fielen, sind lediglich einige historische **Häuserensembles**, die spätbarocke **Pfarrkirche**, die **Pestsäule** aus dem 17. Jahrhundert und das **Alte Rathaus** erhalten geblieben. Die Kulturdenkmäler liegen nur einen Steinwurf voneinander entfernt; ein kurzer Spazierggang genügt also, um diese Sehenswürdigkeiten zu besichtigen. Einige Fahrminuten südlich vom *Markplatz* steht das **Schloß Batthyány**. Es wurde im 17. Jahrhundert von der ungarischen Fürstenfamilie Batthyány erbaut, die zusammen mit dem Fürstenhaus Esterházy über Jahrhunderte die burgenländische Geschichte prägte. Während

weiter (Wegweiser »Tierarzt«). Nach einigen Metern biegen Sie nach links in die *Vaugoinstraße* ein. Kurze Zeit später treffen Sie auf einen Radweg, auf dem Sie nach links zum **Markplatz**, dem stimmungsvollen Stadtzentrum, gelangen.

**Radverleih**
*Bad Tatzmannsdorf*: siehe Tour 23.

**Übernachtungen unterwegs**
*Pinkafeld*: Sagmeisterhof (mittel), Meierhofplatz 3, Tel. (0 33 57) 4 22 30.

**Einkehrmöglichkeiten**
*Unterschützen*: Gasthof Huber. *Wiesfleck*: Gasthaus Nemec. *Pinkafeld*: Bierquelle; Gasthaus Ebener.

**Auskunft**
*Bad Tatzmannsdorf*: siehe Tour 23. A-7423 *Pinkafeld*: Stadtgemeinde, Hauptplatz 1, Tel. (0 33 57) 42 35 10.

**Kombinationen**
Mit der Tour 30 in Gegenrichtung.

**Landkarten**
Siehe Tour 23.

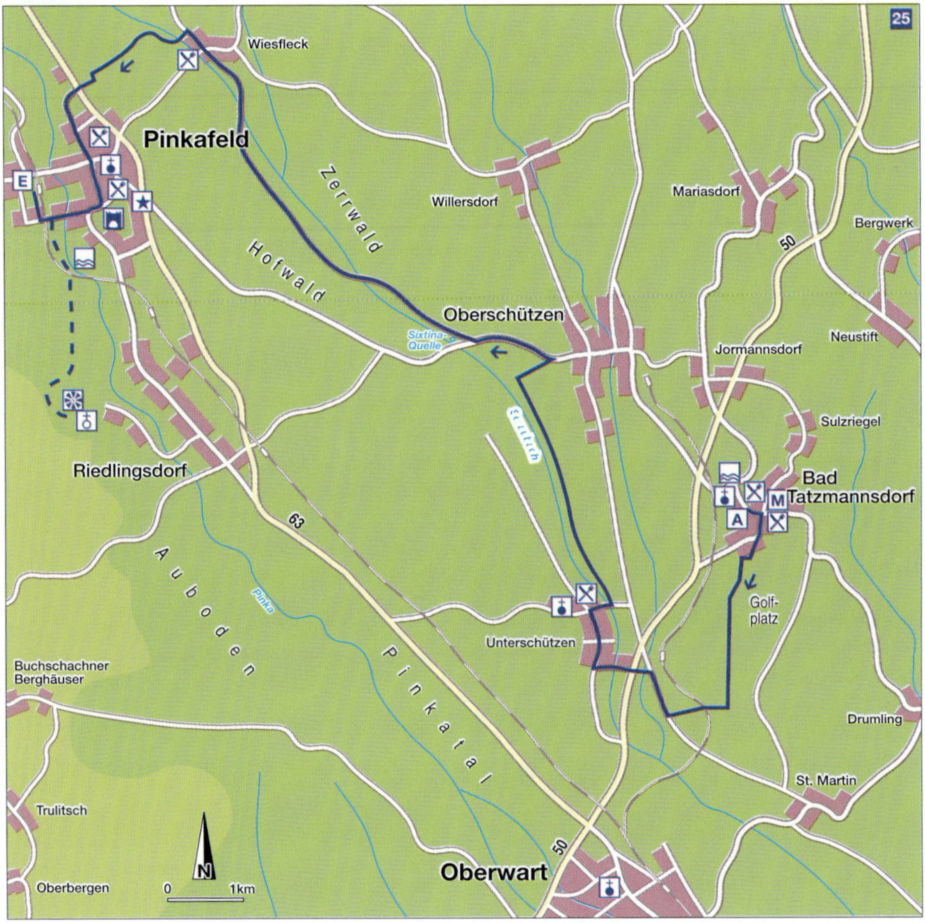


die Esterházys mit harter Hand im Nord- und im Mittelburgenland regierten, lenkten die Batthyánys die Geschicke im Süden. Ihre Hauptresidenz war die Burg Güssing (siehe Tour 27); das Schloß in Pinkafeld diente Ihnen nur als prunkvoller Sommersitz.

Falls Sie keinen Stadtrundgang machen, radeln Sie von der Kreuzung Marktplatz-Radweg geradeaus durch die *Hauptstraße* weiter. Sie kommen so am *Schloß Batthyány* vorbei, in dem heute eine Landesberufsschule untergebracht ist. Eine Besichtigung ist deshalb nicht möglich. Sie schwenken beim Schloß nach rechts, biegen an der nächsten Kreuzung halb rechts ab und überqueren danach die *Pinka*. Vor den Gleisen führt nach links eine Straße zum modernen **Kreuzgang**, der an einer erhöht liegenden, schmucklosen *Kapelle* endet (circa 5 km retour). Falls Sie den Abstecher nicht machen, überqueren Sie die Gleise. Kurz danach geht es rechts zum *Bahnhof Pinkafeld*.

# 26 Entlang der Pinkataler Weinstraße

*Rechnitz – Schandorf – Burg – Eisenberg – Höll – Edlitz – Oberbildein – Unterbildein – Eberau-Kulm – Moschendorf – Strem – Urbersdorf – Güssing*

**Ausgangsort**
Rechnitz, Zentrum. Anreise mit dem Bus von Oberwart, Oberpullendorf oder Mattersburg.

**Zielpunkt**
Güssing. Zurück mit dem Bus (Umsteigen in Oberwart) oder mit dem Rad.

**Gesamttourenlänge**
50 km, alles asphaltiert.

**Zeitbedarf**
3,5 bis 4 Stunden Radeln, 50 bis 60 Minuten Schieben, 1,5 Stunden Besichtigen.

**Etappen**
Rechnitz – Eisenberg: 13 km; Eisenberg – Moschendorf: 25 km; Moschendorf – Güssing: 12 km.

**Steigungen**
68 Höhenmeter entlang der Strecke. 168 Höhenmeter zwischen Burg und Eisenberg.

**Geländestruktur**
Ebene Strecke mit Agrarflächen auf der ersten Etappe. Hügeliges Wein- und Waldgebiet auf der zweiten und dritten Etappe.

**Sehenswertes**
*Rechnitz*: Pfarrkirche; Stiefelmacher-Museum. *Eisenberg*: Weinkellerviertel. *Maria Weinberg*: Wallfahrtskirche. *Moschendorf*: Weinmuseum; Vinothek. *Güssing*: Burg.

**Günstigste Jahreszeit**
Mai bis September.

**Varianten**
Tour kann auch in Eisenberg (Radverleih) beginnen (dann um 13 km kürzer). Von Höll nach Kulm-Eberau durch die Edlitzer Berge (starke Steigungen).

Das **Pinkataler Weingebiet** gehört zu den landschaftlich reizvollsten Regionen des Burgenlandes und erstreckt sich zwischen ***Rechnitz*** und ***Heiligenbrunn*** entlang der ungarischen Grenze. Es ist ein schmaler, teils hügeliger, teils flacher Landstrich, der von Wäldern, verschlafenen Dörfern und schier endlos erscheinenden Weingärten geprägt wird. Entlang dem Radweg liegen zahlreiche malerische Weinkeller, in denen exzellente Weine und hausgemachte Speisen angeboten werden. Gemütlichere Einkehrmöglichkeiten und ein besseres Ambiente zum Genußradeln kann man sich kaum wünschen.
Tour 26 beginnt in **Rechnitz**, das sich am Fuße des 884 Meter hohen ***Geschriebensteins***, der höchsten Erhebung des Burgenlandes, ausbreitet. Der 3400 Einwohner zählende Ort ist die zweitgrößte Weinbaugemeinde des Südburgenlandes und besitzt mit dem **Stiefelmacher-Museum** eine kuriose Sehenswürdigkeit. Bevor Sie in die Pedale treten, können Sie einen Blick in dieses kleine, im Gemeindeamt am ***Hauptplatz*** untergebrachte Museum und in die naheliegende barocke **Pfarrkirche** werfen.
Mit der Kirche im Rücken radeln Sie dann vom ***Hauptplatz*** nach rechts durch die ***Herrngasse*** weg. Kurz nach dem ***Gasthof »Zum Grünen Ast«*** treffen Sie auf den beschilderten ***Radweg R56***, dem Sie nach links folgen. An der Gabelung außerhalb des Ortes halten Sie sich links, später folgen Sie geradeaus der Landstraße über **Schandorf** nach **Burg**, hinter dem sich die schwerste Hürde dieser Tour erhebt: der 415 Meter hohe ***Eisenberg***. Sie können den Berg umfahren, sollten wegen der herrlichen Aussicht aber den »Aufstieg« wagen. In jedem Fall geht es nach links auf der Landstraße an ***Burg*** vorbei und über die ***Pinka*** weiter. Sie müssen danach das Rad in einer steilen Rechts-

**Entlang der Pinkataler Weinstraße passieren Sie stille Bauerndörfer und Weinorte, in denen sich das Rad der Zeit nur langsam dreht, wie etwa hier in Schandorf.**

kurve und dann nach links circa 1,5 Kilometer durch den Wald zum Gipfel schieben.
Falls Sie den Berg umfahren möchten, radeln Sie an der Abzweigung zum Gipfel geradeaus weiter und folgen später den Wegweisern »Eisenberg, Deutsch-Schützen«, die Sie in den Ort *Eisenberg* am Südfuße des gleichnamigen Berges leiten. Sobald Sie in luftiger Höhe den Wald verlassen haben, breiten sich vor Ihnen malerische Weinterrassen aus, und bei klarer Luft können Sie sogar bis nach *Szombathely* (Steinamanger) in der weiten Ebene Ungarns blicken. Von den gemütlichen Weinschenken auf den Terrassen läßt sich die Gegend besonders gut genießen. Am Berg halten Sie sich links, und das Rad rollt dann von alleine an Kellerhäusern und Rebkulturen vorbei nach **Eisenberg** hinunter, wo Sie nach links der Landstraße folgen. Nach etwa einem Kilometer schwenken Sie nach rechts auf den Güterweg *Deutsch-Schützner Weinberge*

ein. In leichtem Auf und Ab folgen Sie den Tafeln »R56« bis nach **Höll**. Hier ignorieren Sie die Wegweiser, die nach rechts mit starken Steigungen durch die ***Edlitzer Weinberge*** nach ***Kulm-Eberau*** führen. Die Landschaft in den Bergen wird mit der Dauer monoton und lohnt denn auch die Strapazen kaum. Unsere Tour führt auf ebener Strecke weiter und durchquert dabei Orte mit einem fast unverfälschten Charme.

Von ***Höll*** radeln Sie geradeaus weiter nach **Edlitz**. Sie biegen hier nach links in die Landesstraße ein und radeln etwa einen Kilometer später nach links über **Ober-** und **Unterbildein** nach **Eberau-Kulm**. Bevor Sie in den Ort gelangen, erblicken Sie an seinem Südrand das private ***Wasserschloß Eberau***, das sich leider in einem sehr schlechten Zustand befindet.

Immer geradeaus radelnd, kommen Sie von ***Eberau*** automatisch nach **Kulm**, das durch die ***Pinka*** von der Nachbargemeinde getrennt ist. Nach der ***Brücke*** in ***Kulm*** biegen Sie nach links (Radweg »B614«) und bei der ***Tankstelle*** nach rechts ab. Sie halten sich dann nochmals rechts und radeln auf den ***Kulmer Wald*** zu. An seinem Rand treffen Sie auf eine ***Brücke***, an der Sie nach links einem sanft ansteigenden, asphaltierten Güterweg folgen. Gleichzeitig folgen Sie dem ***Radweg B61/R56***, der in sanftem Auf und Ab entlang von Weingärten und einladenden Weinkellern in die Nähe von **Moschendorf** leitet. Unterwegs passieren Sie die erhöht liegende barocke **Wallfahrtskirche Maria Weinberg**, die 1996 restauriert wurde, und das **Moschendorfer Weinmuseum**, ein schönes Freilichtmuseum mit originalen strohgedeckten Wirtschaftsgebäuden aus dieser Weinregion und mit einer guten ***Vinothek***.

Nach dem Museum folgt der Radweg nach rechts der ***Bundesstraße 56*** durch den ***Moschendorfer Wald***. Nach ca. 2 Kilometern zweigt er rechts nach **Strem** ab, wo an der ***Kirche*** der Radweg B61 nach links über ***Glasing*** nach ***Güssing***, dem Ziel dieser Tour, führt. Unsere Tour folgt dem Radweg R56, der Sie nach rechts, dann nach links durch die ***Lindenstraße*** und auf einem Güterweg nach **Urbersdorf** leitet. Hier halten Sie sich beim ***Gasthof Kedl*** rechts und dann bei der ***Kirche*** links (Weg-

**Typisches Kellerhaus am Hang des Eisenberges. Im Sommer dient der kleine Weinkeller regelmäßig als Heurigenlokal.**

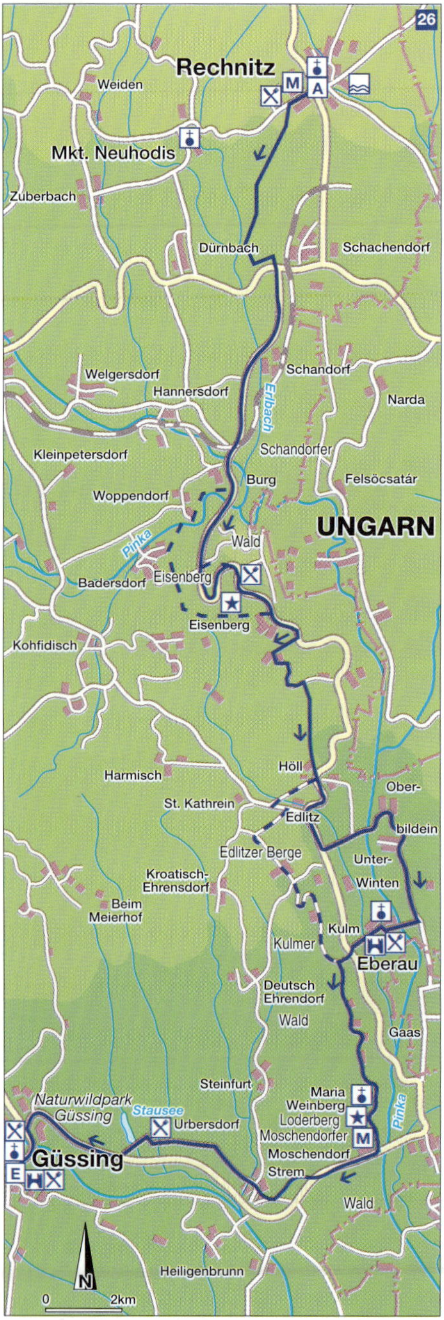


weiser »Stausee«). Immer geradeaus radelnd, kommen Sie am **Stausee** und an der Abzweigung zum **Wildpark Güssing** vorbei. Kurz vor dem Tourziel treffen Sie auf einen Radweg neben der ***Bundesstraße 56***, dem Sie nach rechts folgen. Auf der ***Stremtaler Straße*** kommen Sie nach **Güssing** hinein. Sie biegen nach links in die ***Dammstraße*** ein, überqueren auf ihr die ***Wiener Straße*** und radeln geradeaus ins Zentrum hinein, das sich am Fuße der weithin sichtbaren **Burg Güssing** ausbreitet (siehe Tour 27).

**Radverleih**
*Rechnitz*: Derzeit kein Radverleih vorhanden. *Eisenberg*: Pension Fusz, (0 33 65)25 47.

**Übernachtungen unterwegs**
*Rechnitz*: Gasthof Pomper (preiswert), Herrengasse 9, Tel. (0 33 63)7 94 32. *Eisenberg*: Pension Fusz (preiswert), Eisenberg 30, (0 33 65) 25 47. *Eberau*: Pension Buch (mittel), Eberau 16, Tel. (0 33 23) 22 16. *Urbersdorf*: Gasthof Kedl (mittel), Urbersdorf 33, Tel 4 24 03. *Güssing*: Pension Fabiankovits (mittel), Hauptstraße 49, Tel. (0 33 22)4 23 41.

**Einkehrmöglichkeiten**
*Rechnitz*: Landhaus Zum grünen Ast. *Eisenberg*: zahlreiche Heurigen. *Deutsch Schützen*: Weingut Schützenhof. *Eberau*: Gastwirtschaft Buch. *Güssing*: siehe Tour 27.

**Öffnungszeiten**
*Rechnitz*: Stiefelmacher-Museum, Mo–Do 7.30–12 und 13–16 Uhr; Fr nur bis 12 Uhr. *Moschendorf*: Weinmuseum, 1. Mai bis 31. Oktober, täglich 13–18 Uhr; Vinothek im Museum, Do–So 15–18 Uhr. *Güssing*: siehe Tour 27.

**Auskunft**
A-7540 *Güssing*: Informationsbüro der Region Güssing, Hauptplatz 7, Tel. (0 33 22)4 23 11 23.

**Kombinationen**
Mit den Touren 27 und 28.

**Landkarten**
Siehe Tour 27 und »Blatt 138, Rechnitz«, 1 : 50 000, Karte des Bundesamtes für Eich- und Vermessungswesen.

## 27 Zum Kellerviertel in Heiligenbrunn

*Güssing – Glasing – Sumetendorf – Heiligenbrunn – Deutsch-Bieling – Luising – Hagensdorf – Heiligenbrunn – Güssing*

**Ausgangsort**
Güssing, Zentrum. Anreise mit dem Bus von Oberwart, Fürstenfeld oder von vielen Orten in der Umgebung.

**Zielpunkt**
Güssing (Rundtour).

**Gesamttourenlänge**
36 km. Bis auf eine kurze Strecke in Grenznähe alles asphaltiert.

**Zeitbedarf**
3,5 Stunden Radeln, 2 Stunden Besichtigen.

**Etappen**
Güssing – Heiligenbrunn: 11 km; Heiligenbrunn – Luising: 8,5 km; Luising – Güssing: 16,5 km.

**Steigungen**
65 Höhenmeter.

**Geländestruktur**
Leicht gewellte, bewaldete Landschaft und nahezu ebenes Gebiet in Grenznähe.

**Sehenswertes**
*Güssing*: Burg. *Heiligenbrunn*: Kellerviertel.

**Günstigste Jahreszeit**
Mai bis September.

**Zu beachten**
Reisepaß bzw. Personalausweis mitnehmen, für eventuelle Kontrollen entlang der Staatsgrenze.

**Varianten**
Nur nach Heiligenbrunn und retour – verkürzt die Tour um etwa 15 km.

Hoch über dem Zentrum der 4000 Einwohner zählenden Stadt **Güssing** thront die gleichnamige Burg, das Wahrzeichen der Stadt und des Südburgenlandes. Die imposante Wehranlage wurde im 15. Jahrhundert auf einem längst erloschenen Vulkankegel, dem heutigen ***Schloßberg***, errichtet und zieht jährlich Tausende von Besuchern in ihren Bann, die in den renovierten und eingerichteten Burgräumen eine Reise in die Vergangenheit erleben.
Im Verlauf der Geschichte wechselte die ***Burg Güssing*** mehrmals ihren Besitzer und die politische Seite: vom Vorposten des Ostens zum Beschützer des Westens. Eine Schlüsselrolle dabei spielte das Fürstengeschlecht Batthyány, das von hier aus das Südburgenland mit harter Hand regierte. Die ***Burg Güssing*** ist zu Fuß vom Zentrum aus erreichbar. Von oben haben Sie einen herrlichen Panoramablick, unter anderem auf das **Stremtal** östlich der Stadt, durch das Sie diese Tour führt.
Vom ***Rathaus*** (Touristenamt) am ***Hauptplatz*** radeln Sie nach rechts durch die ***Hauptstraße*** weg. Sie halten sich an der Gabelung links, überqueren die Umfahrungsstraße (Vorsicht!) und verlassen durch die ***Josef-Reichl-Straße*** die Stadt. In leichtem Auf und Ab, über **Sankt Nikolaus**, **Glasing** und **Sumetendorf** erreichen Sie südlich von **Strem** eine Kreuzung, an der Sie rechts durch die ***Bergstraße*** und dann links auf einem Güterweg nach **Heiligenbrunn** weiterradeln. Nach einer leichten Steigung rollt das Rad von alleine zum Ortsrand hinunter. Hier schieben Sie das Rad rechts durch die ***Kellergasse*** hoch. Nach kurzer Zeit stehen Sie inmitten des denkmalgeschützten **Kellerviertels**, das sich beidseitig der Gasse ausbreitet. Die weitläufige Anlage ist eine Art Freilichtmuseum mit einigen Dutzend Originalen: vom strohdeckten Lehmkeller aus dem 18. Jahrhundert bis zum Steinkeller mit Holzobergeschoß von der Jahrhundertwende. Leblose Museumsstücke sind die malerischen Keller keineswegs: In den meisten wird Wein gelagert, der unter

**Die Heurigen in einem Ort sind im Turnus geöffnet, um nicht miteinander zu konkurrieren. An den typischen Aushängeschildern und »Buschen« erkennt man, wo gerade ausgeschenkt wird.**

freiem Himmel an die Besucher ausgeschenkt wird. In dieser einmaligen Atmosphäre spricht es für sich, daß Sie mal eine Pause einlegen und die regionalen Weine verkosten sollten. *Heiligenbrunn* ist vor allem durch den **Uhudler** bekannt, einen speziellen Wein, der am Ende des 19. Jahrhunderts entstand. Er entstammt keiner

reinen Rebsorte, sondern wird vermischt gepreßt. Dazu werden alte Rebsorten verwendet, die nach dem vernichtenden Reblausbefall im Jahr 1860 aus Kreuzungen von regionalen Rebarten und einer von Amerika eingeführten, reblausresistenten Sorte entstanden sind. Der Uhudler war in erster Linie für den Eigenverbrauch gedacht. Erst später wurde er für den Verkauf freigegeben. Getrunken wird dieser roséfarbene, fruchtige Wein am besten kalt.
Am Ende der *Kellergasse* biegen Sie nach links zum *Hotel Krutzler* hinunter, an dem die Tour nach rechts auf dem *Radweg B61* durch das **Stremtal** über **Deutsch-Bieling** nach **Hagensdorf** weiterführt. Hier biegen Sie an der T-Kreuzung nach rechts ab. Sie halten sich bei der Kirche rechts und radeln auf einem Güterweg weiter nach *Luising*. Auf dem Weg dorthin passieren Sie ein Naturschutzgebiet, das für die seltene *Schachblume* geschaffen wurde. In **Luising** leiten Sie die Tafeln »B61« nach rechts zur Staatsgrenze, die von der *Pinka* gebildet wird, und von dort nach links wieder in den Ort zurück. Immer den

**Hübsche strohgedeckte Kellerhäuser aus dem 18. und 19. Jahrhundert reihen sich im denkmalgeschützen Kellerviertel von Heiligenbrunn aneinander.**

Tafeln folgend, fahren Sie über **Hagensdorf** nach **Heiligenbrunn** zurück, wo Sie nach rechts auf dem bei der Hinfahrt benutzten Weg nach **Güssing** zurückradeln.

Wer noch Lust, Zeit und vor allem die Kraft hat, kann die Rückfahrt durch die *Reinersdorfer* und *Glasinger Berge* machen. Dazu durchqueren Sie **Heiligenbrunn** auf der Durchfahrtsstraße in Richtung Reinersdorf, die sich ab dem Zentrum zum 306 Meter hohen Hochberg hinaufwindet. Nach einem knappen Kilometer Schieben liegt die schwerste Etappe hinter Ihnen. Sie biegen nach rechts ab und folgen nun stets dem Güterweg, der Sie auf dem bewaldeten Hügelrücken im Auf und Ab, hoch über dem **Stremtal** und dann nach **Sankt Nikolaus** hinunter leitet. Hier trifft die Berg- mit der Talroute zusammen, und es liegt nur noch ein Kilometer bis nach **Güssing** vor Ihnen.

**Radverleih**
*Güssing*: Firma Bieber, Gratian-Leser-Straße 5, Tel. (0 33 22) 4 23 61. Zudem bei den erwähnten Übernachtungsmöglichkeiten in *Strem* und *Heiligenbrunn* (siehe unten) und in *Güssing* und *Urbersdorf* (siehe Tour 26).

**Übernachtungen unterwegs**
*Heiligenbrunn*: Hotel Krutzler (mittel), Heiligenbrunn 16, Tel. (0 33 24) 72 41. *Strem*: Pension Zur Alten Mühle (mittel), Strem 89, Tel. (0 33 24) 72 45. *Güssing*: Gasthof Zur Burg; Batthyány-Keller.

**Einkehrmöglichkeiten**
*Heiligenbrunn*: Gasthof Krutzler; Buschenschenken im Kellerviertel. *Güssing*: siehe Tour 26.

**Öffnungszeiten**
*Güssing*: Burg Güssing, nur während Ausstellungen, täglich 9–18 Uhr.

**Auskunft**
*Güssing*: siehe Tour 26.

**Kombinationen**
Mit den Touren 26 (in Gegenrichtung) und 28.

**Landkarten**
»Blatt 167, Güssing« und »Blatt 168, Eberau«, 1 : 50 000, Karten des Bundesamtes für Eich- und Vermessungswesen.

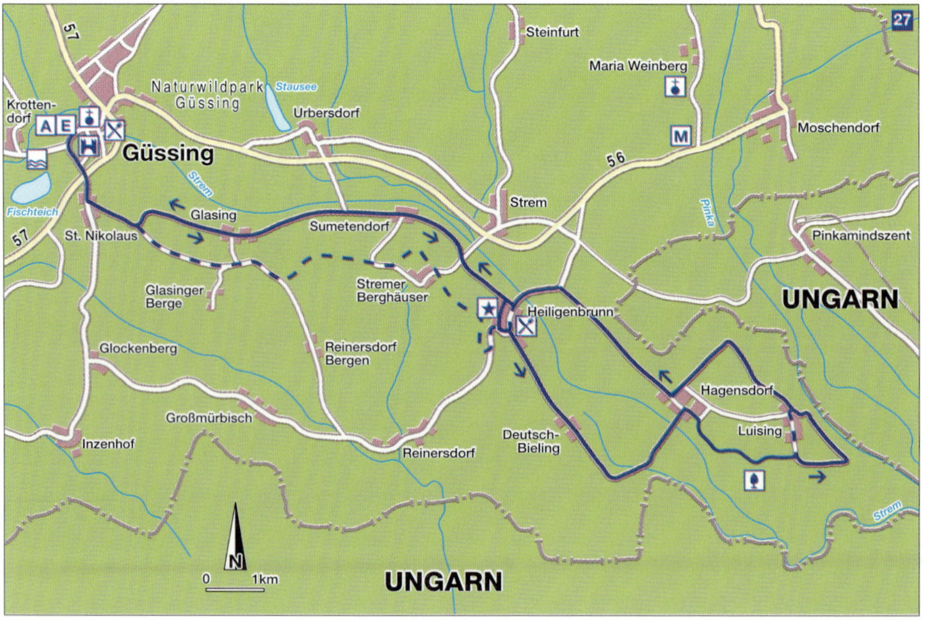

## 28 Durch das Untere Lafnitztal

*Güssing – Sankt Nikolaus – Kleinmürbisch – Inzenhof – Wiederberg – Heiligenkreuz – Königsdorf – Dobersdorf – Rudersdorf – Fürstenfeld*

**Ausgangsort**
Güssing, Zentrum. Anreise: siehe Tour 27.

**Zielpunkt**
Fürstenfeld. Zurück mit dem Bus, dem Rad (siehe Tour 29) oder dem Radrückholdienst Posch in Fürstenfeld, Tel. (0 33 82) 82 64.

**Gesamttourenlänge**
30 km. Bis auf circa 5 km alles asphaltiert.

**Zeitbedarf**
3 Stunden Radeln, 40 bis 50 Minuten Schieben, 1,5 bis 2 Stunden Besichtigen.

**Etappen**
Güssing – Heiligenkreuz: 11 km; Heiligenkreuz – Rudersdorf: 16 km; Rudersdorf – Fürstenfeld: 3 km.

**Steigungen**
208 Höhenmeter auf der ersten, 49 Höhenmeter auf der zweiten und dritten Etappe.

**Geländestruktur**
Stark hügelige Waldlandschaft und fast ebenes Auen- und Agrargebiet.

**Sehenswertes**
*Güssing*: siehe Tour 27. *Rudersdorf*: Fritzmühle. *Fürstenfeld*: Altstadt (siehe Text).

**Günstigste Jahreszeit**
Mai bis September.

**Varianten**
Tour in Gegenrichtung.

Tour 28 verbindet das ***Südburgenland*** mit dem östlich angrenzenden ***Steirischen Thermenland*** und führt Sie durch ausgedehnte Wälder und eine noch intakte Auenlandschaft entlang der **Lafnitz**. Naturliebhaber kommen dabei voll auf ihre Kosten, Kulturfreunde erst am Ende dieser Tour, in der Altstadt von ***Fürstenfeld***.

Auf der ersten Etappe müssen Sie drei ordentliche Steigungen bewältigen. Doch nach jedem Anstieg folgt auch ein Gefälle. Vom Zentrum in **Güssing** folgen Sie zunächst unserer Tour 27 bis nach **Sankt Nikolaus**. Hier biegen Sie nach rechts in die stark ansteigende ***Bergstraße*** ein (Wegweiser »R50«). Nach circa einem Kilometer können Sie das Rad nach **Kleinmürbisch** hinunterrollen lassen, wo Sie die R50-Tafeln ignorieren. Sie durchqueren geradeaus das Dorf, müssen danach die zweite »Bergetappe« bewältigen und rollen dann rechts nach **Inzenhof** hinunter. An der Kreuzung im Ort biegen Sie nach rechts ab (Wegweiser »Wiederberg«). Vor Ihnen liegt die dritte und letzte kräfteraubende Strecke. In »luftiger Höhe« treffen Sie auf eine T-Kreuzung, an der Sie nach links abbiegen. Gleichzeitig folgen Sie wieder dem Radweg R50. In leichtem Auf und Ab radeln Sie durch die bewaldeten ***Heiligenkreuzer Berge*** und auf einer Landstraße, die je zur Hälfte auf österreichischem und ungarischem Territorium verläuft.

Mit einem Gefälle erreichen Sie **Heiligenkreuz** und gleichzeitig das ***Untere Lafnitztal***. Kurz nach den ersten Häusern halten Sie sich links, dann rechts und überqueren im Zentrum bei der Kirche die ***Bundesstraße 65*** (Vorsicht!). Sie radeln nun in einen leichten Bogen nach rechts weiter, kommen am ***Restaurant Le petit Chateau*** vorbei und halten sich bei der Feuerwehr rechts in Richtung Neu-Heiligenkreuz. Nach der Überquerung des ***Lahnbaches*** und der Umfahrungsstraße (Vorsicht!) radeln Sie geradeaus bis zum kleinen ***Müllentsorgungsplatz***, an dem Sie nach rechts abbiegen. Sie überqueren geradeaus die *Bundesstraße 58* (Vorsicht!) und gelangen kurz darauf nach links, dann nach rechts zur **Lafnitz**. Ihr folgen Sie flußaufwärts bis zur Landstraße nach *Eltendorf*, in die Sie nach links einbiegen (Radweg »B722«). Sie überqueren den Fluß und biegen einen halben Kilometer später nach rechts auf den *Radweg B72* ein. Er leitet Sie am Fuße des *Gotziberges*, später an der *Lafnitz* entlang und auf der *Bundesstraße 57* über den Fluß nach **Königsdorf** hinein. Im Ort folgen Sie den Radwegtafeln »B723«, die Sie links nach **Dobersdorf** führen. Sie gelangen auf dem *Kapellenweg* ins Dorf und überqueren bei der Kirche schräg nach links die *Hauptstraße*. An einer T-Kreuzung am Ortsrand schwenken Sie nach links zur *Lafnitz*, die Sie auf einer Brücke überqueren. Danach geht es rechts nach *Rudersdorf* weiter, wobei Sie unterwegs nochmals die Uferseite wechseln.

**Bei der alten, noch in Betrieb befindlichen Fritzmühle in Rudersdorf überqueren Sie auf dieser Holzbrücke die Lafnitz, die das Burgenland von der Steiermark trennt.**

Die Tour durch das Lafnitztal führt direkt an den Stromschnellen nahe Eltendorf vorbei. Das Naturschauspiel ist eine Seltenheit in dem sonst ruhigen Fluß.

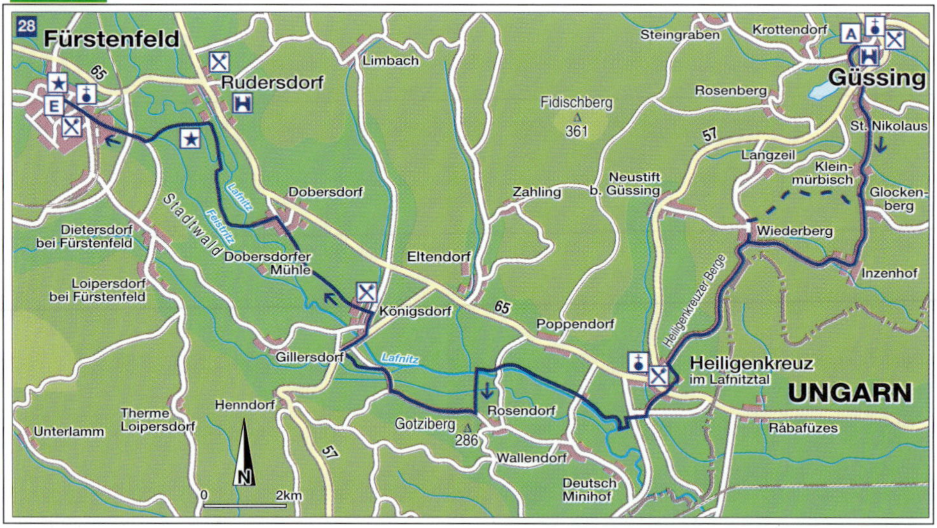


In **Rudersdorf** halten Sie sich an der ersten Kreuzung links. Sie gelangen so zur ***Fritzmühle***, in der Kernöl gepreßt und täglich frisch verkauft wird. Auf einer Holzbrücke bei der Mühle überqueren Sie die ***Lafnitz*** und gleichzeitig die Grenze zwischen dem Burgenland und der Steiermark. Sie radeln nun geradeaus weiter, halten sich links an der Gabelung nach den Fischteichen, dann rechts und überqueren später die *Feistritz*. Kurz danach halten Sie sich stets rechts und radeln durch die ***Werk-***, ***Mühlbreiten-*** und die ***Parkstraße*** in das Zentrum der mehr als 800 Jahre alten Stadt **Fürstenfeld** hinein. Ihr historischer Kern erstreckt sich am rechten Ufer der ***Feistritz*** und läßt sich am besten zu Fuß erkunden. Zu den bedeutendsten Sehenswürdigkeiten gehört der **Hauptplatz**, die Reste der mittelalterlichen **Stadtbefestigung**, das **Grazer Tor** (Touristeninformation), die barocke **Stadtpfarrkirche** und die **Augustinerkirche**. Und falls Sie im Burgenland schon länger unterwegs waren, können Sie sich nun über »Steirische Schmankerln« freuen.

**Radverleih**
*Güssing*: siehe Tour 27.

**Übernachtungen unterwegs**
*Güssing*: siehe Tour 26. *Heiligenkreuz*: siehe Tour 29. *Fürstenfeld* (0 33 82): Gasthof Fröhlich (mittel), Hauptstraße 11, Tel. 5 32 20; Gästehaus Riegler (preiswert), Ledergasse 3, Tel. 5 31 13.

**Einkehrmöglichkeiten**
*Güssing*: siehe Tour 27. *Heiligenkreuz*: Restaurant Le petit Chateau. *Königsdorf*: Gasthof Römersiedlung. *Rudersdorf*: Gasthof Zum alten Weinstock. *Fürstenfeld*: Gasthof Zur Post; Gasthof Fröhlich.

**Öffnungszeiten**
*Burg Güssing*: siehe Tour 27.

**Auskunft**
*Güssing*: siehe Tour 27. A-8280 *Fürstenfeld*: Tourismusverband, Augustinerplatz 1, Tel. (0 33 82) 5 54 79.

**Kombinationen**
Mit den Touren 29 und 30.

**Landkarten**
»Blatt 167, Güssing«, »Blatt 193, Jennersdorf« und »Blatt 166, Fürstenfeld«, 1 : 50 000, Karten des Bundesamtes für Eich- und Vermessungswesen. Stadtplan von Fürstenfeld, 1 : 10 000.

## 29 Vom Steirischen Thermenland ins Südburgenland

*Fürstenfeld – Gillersdorf – Rosendorf – Wallendorf – Deutsch Minihof – Heiligenkreuz*

**Ausgangsort**
Fürstenfeld, Zentrum. Anreise mit dem Bus von Güssing, mit der Bahn oder dem Bus von vielen steirischen Orten.

**Zielpunkt**
Heiligenkreuz. Zurück mit dem Bus, dem Rad (siehe Tour 28) oder dem Radrückholdienst Posch in Fürstenfeld, Tel. (0 33 82)82 64.

**Gesamttourenlänge**
24 km. Bis auf circa 1,5 km alles asphaltiert.

**Zeitbedarf**
2,5 Stunden Radeln, 1,5 Stunden Besichtigen in Fürstenfeld.

**Etappen**
Fürstenfeld – Gillersdorf: 8,5 km; Gillersdorf – Heiligenkreuz: 15,5 km.

**Steigungen**
28 Höhenmeter entlang der Strecke. 124 Höhenmeter zwischen Gillersdorf und der Therme Loipersdorf.

**Geländestruktur**
Nahezu ebenes Gelände mit Wald- und Auenlandschaft. Stark hügelig um Loipersdorf.

**Sehenswertes**
*Fürstenfeld*: siehe Tour 28.

**Günstigste Jahreszeit**
Mai bis September.

**Varianten**
Ein Abstecher zur Therme Loipersdorf verlängert die Tour um 7 km.

Tour 29 wurde von uns als Einzeltour angelegt, läßt sich aber mit Tour 28 zu einem schönen Rundkurs durch das **Untere Lafnitztal** verknüpfen. Dieses landschaftlich reizvolle Tal trennt das südburgenländische Hügelland vom ***Steirischen Thermenland***; einem Gebiet, in dem vielerorts 36 Grad Celsius warmes, heilkräftiges Wasser aus einem über 1000 Meter tief liegenden Urmeer sprudelt. Zum Wohl des Menschens wird das kostbare Naß in Thermalbädern aufgefangen. Auf dieser Tour können Sie einen Abstecher zu einem dieser Bäder machen: zur **Therme Loipersdorf**, nur wenige Kilometer südlich von *Fürstenfeld* gelegen.

Vom *Grazer Tor* (Touristeninformation) in der Altstadt von **Fürstenfeld** radeln Sie über den *Augustinerplatz* und durch die *Bismarck-* und die *Ungarstraße* aus dem historischen Stadtkern hinaus. Entlang zahlreicher Geschäfte erreichen Sie den *Stadt-Zug-Platz*. Sie schwenken hier leicht nach rechts in die *Schillerstraße*, die Sie nach links durch die *Grüne Gasse* (zweite Straße) verlassen. Am Ende der Gasse biegen Sie nach rechts und kurz danach links in die *Mühlbreitenstraße* ein. Immer geradeaus radelnd, erreichen Sie nach circa einem Kilometer die *Rennmühlstraße*, der Sie nach rechts folgen.

Nach knapp einem halben Kilometer biegen Sie nach links auf den *Radweg R12* ein. Er leitet Sie geradeaus auf einem unasphaltierten Weg durch den *Stadtwald*, ein beliebtes Rad- und Wandergebiet der Fürstenfelder Bevölkerung. Unterwegs durch das schattenreiche Gebiet überqueren Sie geradeaus eine Asphaltstraße. Wenige Fahrminuten später stoßen Sie erneut auf eine Asphaltstraße (»Thermenradweg«), der Sie nach links folgen. Bei der *Dobersdorfer Mühle* halten Sie sich rechts, radeln am *Golfplatz Loipersdorf* entlang und kommen nach **Gillersdorf** hinein. An ersten Kreuzung halten Sie sich links und stoßen kurze Zeit später auf eine weitere Kreuzung. Hier können

Sie nach rechts einen **Abstecher** zur 3,5 Kilometer entfernten **Therme Loipersdorf** machen, um die sich eine Siedlung von Hotels, Restaurants und diversen Freizeitanlagen entwickelt hat. Die Therme liegt schön auf einem bewaldeten Hügel. Die Anfahrt erfordert ziemlich viel Kraft und ist mit einer circa 2 Kilometer langen Schiebestrecke verbunden, allerdings können Sie sich dann in der Therme entspannen und Ihre Seele so richtig baumeln lassen.

Falls Sie der Abstecher zur Therme nicht anspricht, biegen Sie an der zweiten Kreuzung in **Gillersdorf** nach links ab (Radweg »B713«). Kurze Zeit später kehren Sie der *Steiermark* den Rücken, und die Tour geht auf burgenländischem Boden weiter. Bei **Königsdorf** stoßen Sie auf die *Bundesstraße 57*. Ihr folgen Sie kurz nach rechts und radeln dann nach links auf dem Güterweg *Königsdorf – Kroboteck* weiter. Die Tour verläuft nun einige Zeit entlang der **Lafnitz** an Ihrer linken Seite. Rechts von Ihnen erhebt sich der 368 Meter hohe *Rötzelberg*. Nachdem Sie den *Rittschein-Bach* überquert haben, radeln Sie nach rechts auf den Wald zu und dann links auf

**Farbige, gepflegte Hausfassaden kennzeichnen die netten steirischen Ortschaften, die Sie auf dem Radweg entlang dem linken Lafnitzufer durchqueren werden.**

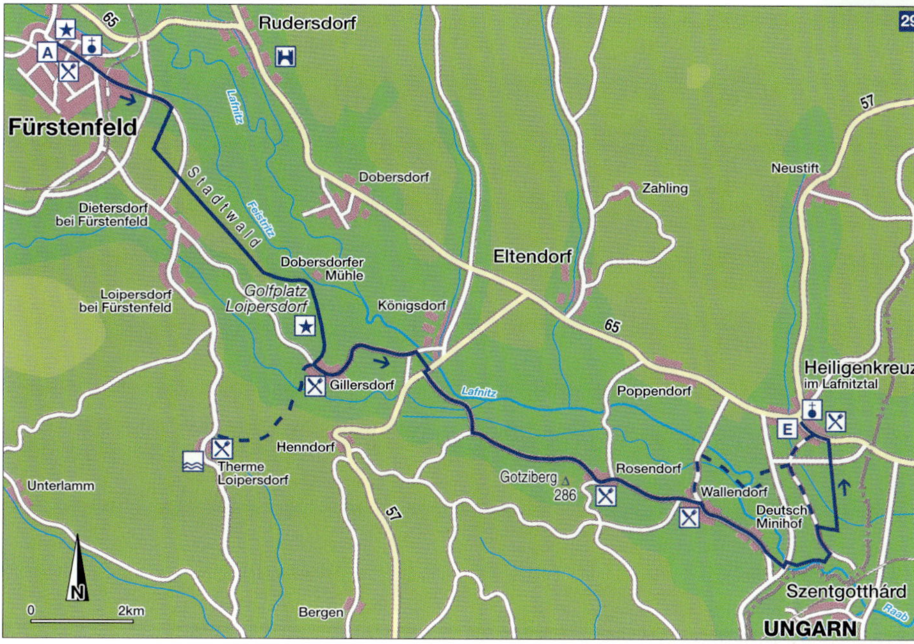


dem *Radweg B71/B72* weiter. Über **Rosendorf** und **Wallendorf** erreichen Sie **Deutsch Minihof**. Hier folgen Sie dem *Radweg B72*, der Sie nach links aus dem Dorf, dann auf der *Bundesstraße 58* über die *Lafnitz* und mit einigen Rechts-Links-Manövern nach **Heiligenkreuz**, dem Endpunkt dieser Tour, hineinleitet.
Schon von weitem ist *Heiligenkreuz* sichtbar, das sich an der österreichisch-ungarischen Grenze ausbreitet. Das Dorf hat keine kulturellen Höhepunkte anzubieten. Doch einige Kilometer nördlich befinden sich zwei Hauptattraktionen des Südburgenlandes: die beeindruckende *Burg Güssing* und das Heiligenbrunner *Kellerviertel* (siehe Tour 27). Der Weg nach **Güssing** ist mit einigen Anstrengungen verbunden, die aber von der reizvollen Landschaft völlig kompensiert werden.

**Radverleih**
*Fürstenfeld* (0 33 82): Bahnhof, Tel. 52 23 00; Roch, Hauptplatz 6, Tel. 5 35 10.

**Übernachtungen unterwegs**
*Fürstenfeld*: siehe Tour 28. *Loipersdorf* (0 33 82): Hotel Loipenhof (mittel), Tel. 85 74; Thermenhotel Vier Jahreszeiten (gehoben), Tel. 83 85. *Heiligenkreuz*: Gasthof Pummer (preiswert), im Zentrum, Tel. (0 33 25)43 14.

**Einkehrmöglichkeiten**
*Fürstenfeld*: siehe Tour 28. *Gillersdorf*: Gasthaus Kaplan. *Rosendorf*: Gasthof Hirtzi. *Wallendorf*: Gasthaus Uncle Sam. *Heiligenkreuz*: siehe Tour 28.

**Auskunft**
*Fürstenfeld*: siehe Tour 28.

**Kombinationen**
Mit den Touren 28 und 30.

**Landkarten**
Siehe Tour 28.

## 30 Durch das Mittlere Lafnitztal

*Fürstenfeld – Rudersdorf – Marbach – Pußta – Weichenberg – Deutsch Kaltenbrunn – Rohrbrunn – Burgau – Neudau – Wörtherberg – Wolfau – Unterbergen – Oberbergen – Trulitsch – Oberwart*

**Ausgangsort**
Fürstenfeld, Zentrum. Anreise: siehe Tour 29.

**Zielpunkt**
Oberwart. Zurück mit dem Bus oder dem Radrückholdienst Posch in Fürstenfeld, Tel. (0 33 82) 82 64.

**Gesamttourenlänge**
51 km, davon circa 10 km unasphaltiert.

**Zeitbedarf**
4,5 bis 5 Stunden Radeln, 40 bis 50 Minuten Schieben, 1,5 Stunden Besichtigen.

**Etappen**
Fürstenfeld – Burgau: 19 km; Burgau – Wolfau: 16 km; Wolfau – Oberwart: 16 km.

**Steigungen**
135 Höhenmeter auf der ersten, 122 Höhenmeter auf der zweiten und 76 Höhenmeter auf der dritten Etappe.

**Geländestruktur**
Ebene Flußlandschaft und mit Wald, Feldern und Obstgärten bedeckter Bergrücken.

**Sehenswertes**
*Fürstenfeld*: siehe Tour 28. *Burgau* und *Neudau*: Schloß.

**Günstigste Jahreszeit**
Mai bis September.

**Varianten**
Tour in Gegenrichtung.

Intakte Auenlandschaften, bewaldete Bergrücken, stille Dörfer und zwei beeindruckende Schlösser garantieren im **Mittleren Lafnitztal** eine abwechslungsreiche Genußtour. Dabei radeln Sie mal auf steirischem, mal auf burgenländischem Boden, entweder entlang der ***Lafnitz*** oder mit grandioser Fernsicht hoch über dem Tal. Der Wechsel zwischen steirischer und burgenländischer Kultur verleiht dieser Tour noch einen zusätzlichen Reiz.
Tour 30 startet im historischen Kern der steirischen Stadt **Fürstenfeld** (siehe Tour 28). Vom ***Grazer Tor*** verlassen Sie die Stadt wie bei unserer Tour 29 beschrieben. Sie biegen in die ***Rennmühlstraße*** aber nicht nach rechts, sondern nach links ein. Kurz danach überqueren Sie die ***Feistritz***. Sie folgen geradeaus dem ***Radweg R9*** nach Rudersdorf und halten sich vor den ***Fischteichen*** links-rechts.
Am Ortsrand von **Rudersdorf**, bei der alten ***Fritzmühle***, überqueren Sie auf einer Holzbrücke die ***Lafnitz*** und gleichzeitig die Grenze zwischen der Steiermark und dem Burgenland. Sie biegen rechts ab und gelangen in einem Bogen nach links zur ***Hauptstraße***, der Sie nach rechts folgen. Beim ***Textilwerk Sattler*** schwenken Sie nach links in die ***Sattlerstraße*** hinein. Allmählich kehren Sie dem Ort den Rücken, und Sie folgen weiterhin dem ***Radweg R9***, der sich circa einen Kilometer nach **Rudersdorf-Berg** hoch schlängelt. Nach dieser Schiebestrecke folgt eine schöne, leicht auf- und abführende Etappe durch Mischwälder, Obstgärten und entlang hübscher Bauernhöfe. Über **Marbach**, **Pußta** und **Weichenberg** erreichen Sie die Bergsiedlung von **Deutsch Kaltenbrunn**. Unterwegs können Sie mehrmals die freie Sicht auf das ***Mittlere Lafnitztal*** und die steirische ***Bergkulisse*** genießen. In ***Deutsch Kaltenbrunn*** ignorieren Sie die Tafeln »R9«. Sie bleiben auf dem Hügelrücken und fahren geradeaus nach **Rohrbrunn** weiter, wo Sie das Rad an der Kreuzung nach links ins Tal hinunterrollen lassen (Wegweiser »Rohrbrunn-Dorf«). Sie

folgen im Ort nach links der ***Bundesstraße 57a*** und biegen nach einigen Metern rechts zur ***Lafnitz*** ab, die Sie auf einer Holzbrücke überqueren.
Sie befinden sich nun wieder in der Steiermark und radeln circa 300 Meter nach dem Fluß nach rechts auf einem unasphaltierten Weg in Richtung ***Burgau*** weiter. Rechter Hand haben Sie nun freien Blick auf das südburgenländische Hügelland, das Sie später wieder »erklimmen« werden. Doch zuerst steht **Burgau** auf dem Programm. Auf einer Landstraße radeln Sie nach links über den ***Lobenbach*** und die Bahn in den Ort hinein, in dem Sie nach rechts der Durchfahrtsstraße folgen. Der Ortsname wurde vom einstigen **Wasserschloß** »Burg in der Au« abgeleitet. Das über 600 Jahre alte Bauwerk war lange Zeit im Besitz der Fürstenfamilie Batthyány und verfügt über einen sehenswerten Arkadenhof.

Sie verlassen ***Burgau*** auf der Landstraße in Richtung Norden und schwenken einige Zeit später nach rechts auf einen unasphaltierten Weg ein. Kurz vor **Neudau** kommen Sie wieder zur Landstraße zurück, auf der Sie nach rechts den Ort durchqueren. Am nördlichen Ortsrand passieren Sie das **Renaissanceschloß Neudau** mit einem schönen Innenhof. Nach dem Schloß halten Sie sich rechts in Richtung ***Hackerberg***. Sie kehren nun der Steiermark entgültig den Rücken und überqueren auch zum letzten Mal die ***Lafnitz***. Kurz danach biegen Sie nach links auf den etwas holprigen Güterweg ein, der Sie am Fluß entlang leitet. Auf der Höhe von **Wörth** spüren Sie wieder Asphalt unter den Rädern. Sie biegen nach rechts in die Landstraße ein und radeln bzw. schieben teilweise das Rad nach **Wörtherberg** hoch (1,5 km). Die Tour führt Sie hier nach links weiter, mit

**Das Ortsbild vieler südburgenländischer Dörfer wird von hübschen kleinen Bauernhäusern geprägt, die sich beidseitig der Straßen und Gassen aneinanderreihen.**

freier Sicht hoch über dem *Lafnitztal*. Über **Wolfau**, **Unter**- und **Oberbergen** erreichen Sie **Trulitsch**. Unterwegs dorthin queren Sie die ***Bundesstraße B50*** (Vorsicht!), und Sie biegen in ***Unterbergen*** beim ***Gasthof Stumpfel*** nach rechts, dann nach links (Wegweiser »Tierarzt«) auf den Güterweg nach Oberbergen ein. Je näher Sie ***Trulitsch*** kommen, desto mehr entfernen Sie sich vom ***Lafnitztal***.

**Diese runden auffallenden Strohballen im malerischen Lafnitztal werden – entgegen allen Vermutungen – meistens zum Heizen in dafür speziell entwickelten Öfen verwendet.**

In *Trulitsch* biegen Sie beim *Gasthaus Ritter* nach rechts auf den Güterweg nach Buchschachen ein. Im Auf und Ab radeln Sie durch ein waldreiches Gebiet bis an eine Kreuzung: Hier geht es links nach *Buchschachen*, rechts nach *Oberwart*, dem Ziel dieser Tour. Die letzten 6 Kilometer können Sie das Rad größtenteils rollen lassen. Sobald Sie den Wald verlassen, breiten sich vor Ihnen das **Pinkatal** und **Oberwart** aus, in das Sie auf der *Mühlgasse* hineinfahren. Sie überqueren beim Gasthaus Zambo die *Bundesstraße 50* (Vorsicht!), dann schräg nach links die *Pinka* und folgen kurz danach rechts der *Graf-Erdödy-Straße*, die sich ins Zentrum schlängelt. Nach der Überquerung eines Baches gelangen Sie schräg links durch die *Evangelische Kirchengasse* zum wenig attraktiven, langgezogenen *Hauptplatz*. Geradeaus geht es direkt zum *Bahnhof* weiter. Wer noch Kraft hat, kann nach rechts und kurz nach dem Rathaus links durch die *Schlaininger Straße* und über **Sankt Martin** nach **Bad Tatzmannsdorf** weiterradeln. Von dort aus können Sie mit unseren Touren 23 bis 25 den Nordteil des Südburgenlandes erkunden.

**Radverleih**
*Fürstenfeld*: siehe Tour 28.

**Übernachtungen unterwegs**
*Fürstenfeld*: siehe Tour 28. *Burgau* (0 33 83): Radhotels Zum Hirschen (mittel), Tel. 22 26, und Zur Post (mittel), Tel. 23 61. *Wolfau*: Pension Flett-Moser (preiswert), Tel. (0 33 56) 3 69. *Oberwart*: Gasthof Zambo (mittel), Grazer Straße 71, Tel. (0 33 52) 3 23 76.

**Einkehrmöglichkeiten**
*Fürstenfeld*: siehe Tour 29. *Rudersdorf-Berg*: Gasthaus Pfinkstl. *Burgau*: Restaurant Zum Hirschen; Gasthof Zur Post. *Neudau*: Au-Stube. *Wörtherberg*: Wörtherberghof. *Trulitsch*: Gasthaus Ritter. *Oberwart*: Café Wagner; Restaurant Häferlgucker (beide im Zentrum).

**Auskunft**
*Fürstenfeld*: siehe Tour 28. A-7400 *Oberwart*. Region Südburgenland, Messegelände, Halle 1/1, Tel. (0 33 52) 34 46 60

**Kombinationen**
Mit den Touren 28 und 29 (in Gegenrichtung).

**Landkarten**
»Blatt 166, Fürstenfeld«, »Blatt 167, Güssing«, »Blatt 136, Hartberg« und »Blatt 137, Oberwart«, 1 : 50 000, Karten des Bundesamtes für Eich- und Vermessungswesen.

# Informationen für Radwanderer

## Rad und Tour

*Radtyp*
Unsere Genußtouren verlaufen meistens durch ebenes Gelände, im Südburgenland durch Täler und sanft gewelltes Hügelland, und stellen daher keine allzu hohen Ansprüche an Sie und das Fahrrad. Im allgemeinen reicht ein Sportrad oder ein Citybike mit einer guten Gangschaltung (5 bis 7 Gänge) aus. Wichtig sind in jedem Fall ein bequemer Sattel, die richtige Fahrradgröße und gute Bremsen, die Sie vorher immer kontrollieren sollten. Radwandern mit Kindern ist nur dann ein Vergnügen, wenn die Jüngsten über ein körper- und altersgerechtes Rad und einen Helm verfügen oder in einem sicheren Kindersitz mitfahren.

*Radverleih*
An den Bahnhöfen in Eisenstadt, Neusiedl am See, Deutschkreutz, Mattersburg und in Fürstenfeld können Sporträder und Citybikes für Damen, Herren und Kinder sowie manchmal auch Kindersitze angemietet werden. Der Vorteil von »Fahrrad am Bahnhof«, wie die Bahn ihr Angebot bezeichnet, besteht darin, daß Sie das Mietrad an jedem besetzten Bahnhof wieder abgeben können, auch wenn es sich um keinen Verleihbahnhof handelt. Zudem gilt ein ermäßigter Miettarif für Radfahrer, die am gleichen Tag mit der Bahn zum Verleihbahnhof anreisen.
Auf private Verleiher treffen Sie in jedem bedeutenden Touristenort. In der Regel sind ihre Leihräder von besserer Qualität und ihr Vorrat an Rädern und Kindersitzen größer.
Grundsätzlich ist zu beachten, daß an Wochenenden und in der Hochsaison (Juli und August) eine telefonische Vorbestellung notwendig ist. In diesem Radführer finden Sie bei jeder Tour im Nachspann Radverleihstellen samt Telefonnummer. Diese Angaben entsprechen dem Stand vom Herbst '96.

*Radtransport*
Das Rad kann mit der **Bahn** problemlos mitgenommen werden. Die Platzkapazität ist allerdings beschränkt, und eine Reservierung ist nicht möglich. Für die Verladung ist der Kunde selbst verantwortlich. Die Region Neusiedler See ist über den Bahnknotenpunkt Neusiedl am See erreichbar. Von hier aus gibt es mehrmals täglich mit der Österreichischen Bundesbahn (ÖBB) eine Verbindung nach Wien (Ostbahnhof) und mit der Raab-Ödenburg-Ebenfurter Eisenbahn AG eine Verbindung nach Eisenstadt und nach Pamhagen im Seewinkel. Züge dieser Bahn AG verkehren auch mehrmals täglich zwischen Neufeld, Wulkaprodersdorf, Sopron (Ungarn) und Deutschkreutz sowie zwischen Wiener Neustadt, Mattersburg und Sopron. Für Radtouren im Südburgenland sind die ÖBB-Bahnhöfe Oberwart, Pinkafeld und Fürstenfeld die Ausgangspunkte.
Aktuelle Informationen erhalten Sie unter anderem an folgenden Bahnhöfen:
- Wien, Zentrale Zugauskunft (02 22) 17 17
- Neusiedl am See, Tel. (0 21 67) 2 40 65 84
- Eisenstadt, Tel. (0 26 82) 6 26 37
- Neufeld, Tel. (0 26 24) 52 10 30
- Deutschkreutz, Tel. (0 26 13) 8 02 01
- Mattersburg, Tel. (0 26 26) 6 22 13
- Oberwart, Tel. (0 33 52) 3 23 23
- Fürstenfeld, Tel. (0 33 82) 5 22 30

In **Bussen** der ÖBB (rot) und in Postautobussen (gelb) werden Räder nur in Ausnahmefällen mitgenommen und wenn genügend Platz vorhanden ist. In der Region Neusiedler See setzt die ÖBB aber spezielle Radbusse mit kostenlosem Radtransport ein. Der Radbusse verkehren vom 26. Mai bis 1. September an Sonn- und Feiertagen auf folgenden Strecken:

- *Radbus 1*: Illmitz – Podersdorf – Weiden – Neusiedl – Jois – Winden – Breitenbrunn – Purbach – Donnerskirchen – Oggau – Rust – Mörbisch und retour; ab Illmitz um 14.05 Uhr; ab Mörbisch um 16.05 Uhr.
- *Radbus 2*: Bahnhof Neusiedl – Weiden – Podersdorf – Illmitz; ab Neusiedl um 13 Uhr.
- *Radbus 3*: Podersdorf – Weiden – Bahnhof Neusiedl; ab Podersdorf um 17.30 Uhr.

Die Radbusse können bei geringer Nachfrage auch vorübergehend eingestellt werden. Aktuelle Informationen erhalten Sie bei der ÖBB-Kraftwagenabteilung in Neusiedl am See unter Tel. (0 21 67) 2 40 65 40.

Privatunternehmen verbinden mit **Fähren** die wichtigsten Badeorte am Neusiedler See und sind auf die Mitnahme von Rädern eingestellt.

Die Fähren verkehren auf folgenden Strecken und zu folgenden Zeiten:

- *Breitenbrunn – Podersdorf – Breitenbrunn*: Mai bis September, täglich um 10 Uhr (Sa und So zusätzlich um 16.30 Uhr) ab Breitenbrunn, um 11 Uhr bzw. um 17.30 Uhr ab Podersdorf. Im Oktober fährt die Fähre nur am Wochenende. Aktuelle Informationen: Holiday Lines, Tel. (0 26 83) 50 55 oder (0 26 85) 4 93.
- *Podersdorf – Rust – Podersdorf*: Mai bis September, Di und Fr um 13 Uhr ab Podersdorf, um 17 Uhr ab Rust. Aktuelle Informationen: Schiffahrtsunternehmen Knoll, Tel. (0 2177) 24 31.
- *Rust – Illmitz – Rust*: Mai bis September, Di, Fr bis So und an Feiertagen um 10 und 16 Uhr ab Rust, um 11 und 17 Uhr ab Illmitz. Aktuelle Informationen: Holiday Lines (siehe oben).
- *Mörbisch – Illmitz – Mörbisch*: Mai bis September, täglich jede halbe Stunde zwischen 8.30 und 17.30 ab Mörbisch, zwischen 9 und 18 Uhr ab Illmitz. Aktuelle Informationen: Schiffahrtsunternehmen Weiß, Tel. (0 26 85) 82 24, Gangl, Tel. (0 21 75) 21 58, und Drescher, Tel. (0 26 85) 8820.

Neben diesen Transportmöglichkeiten bieten auch einige **private** Radverleiher, Taxifirmen und radfahrerfreundliche Unterkünfte einen Radtransport an, der sich individueller gestalten läßt.

### *Radwege und Wetter*

Die Radwege im Burgenland lassen wenig zu wünschen übrig. Sie sind nahezu lückenlos mit grünen Tafeln ausgeschildert und manchmal mit gelben Radsymbolen und/oder Richtungspfeilen auf dem Asphalt zusätzlich markiert. Falls ein Radweg fehlt, verlaufen die Routen auf verkehrsarmen Güter- und Landstraßen. In den seltensten Fällen bleibt eine Bundesstraße die einzige Alternative. Wir haben bei der Zusammenstellung der Touren immer versucht, die verkehrsgeplagten Straßen zu umfahren oder die Strecke auf ihnen so kurz wie möglich zu halten. Die Touren führen abwechselnd über Asphalt- und Kiesstraßen und weisen vor allem im Südburgenland größere Steigungen auf.

Mit kräftigem Wind ist in der brettlebenen Region um den Neusiedler See häufig zu rechnen. Im Südburgenland dagegen ist dank der Hügel und Wälder die Chance geringer, daß Ihnen der Wind um die Ohren pfeift. Ob Wind oder Regen auf dem Tagesprogramm steht, die Sonne scheint oder der Himmel bewölkt ist, erfahren Sie unter anderem in der Wettervorhersage des regionalen Fernsehprogramms »Burgenland Heute«.

*Ausrüstung und Bekleidung*
Welche Ausrüstung und Bekleidung Sie zum Genußradeln brauchen, hängt in erster Linie natürlich von Ihren individuellen Ansprüchen, vom Wetter und von der Tour ab. Falls Sie immer zum Ausgangspunkt zurückkehren werden, wird die Ausrüstung sicher kleiner sein, als wenn Sie Touren kombinieren und unterwegs übernachten werden. Im Fachhandel können Sie sich genau über die für Sie passende Ausstattung informieren: von der einfachen Lenkertasche mit Kartenfach über Taschen für das gesamte Reisegepäck bis hin zur optimalen Bekleidung. Grundsätzlich sollten Sie darauf achten, daß die Ober- und Unterbekleidung Ihren Körper schützt und dabei leicht, bequem und atmungsaktiv ist. So bleiben Sie während der Fahrt trocken und warm. Achten Sie auch darauf, daß die Kleidung nicht am Körper »klebt«, damit eine Naht, ein Reißverschluß etc. Ihre Haut nicht reizen und dadurch Schmerzen verursachen kann. Es ist auch sinnvoll, stets ein T-Shirt zum Wechseln mitzunehmen. Auf jeden Fall sollten eine Reiseapotheke für die kleinen »Wehwehchen«, eine Tasche mit Standardwerkzeug und wichtigen Ersatzteilen (Schlauch, Ventil etc.), ein Sonnen- und Regenschutz stets dabei sein.

*Einkehren und Übernachten*
Bei jeder Tour sind im Nachspann einige gute Einkehrmöglichkeiten erwähnt, die nationale und/oder internationale Küche, manchmal auch regionale Spezialitäten anbieten.
Zudem finden Sie dort auch einige Vorschläge zum Übernachten. Wir haben aus dem Angebot an Hotels, Pensionen und Gasthöfen meistens jene ausgewählt, die auf Radfahrer eingestellt sind. Die Unterkünfte sind in drei Preisklassen unterteilt. Dabei steht »gehoben« für komfortable bis luxuriöse Zimmer ab 450 ÖS pro Person und Tag, »mittel« für gut ausgestattete Zimmer zu Preisen zwischen 250 und 450 ÖS pro Person und Tag und »preiswert« für alle Zimmer, die weniger als 250 ÖS pro Person und Tag kosten. Es ist ratsam, stets ein Zimmer zu reservieren, vor allem in der Hauptsaison (Juli und August), in der es öfters zu Engpässen kommt.
Für die Wünsche und Bedürfnisse der jungen Radler haben wir im Nachspann jeder Kindertour so weit wie möglich kinderfreundliche Einkehr- und Übernachtungsmöglichkeiten ausgewählt. Ausführliche Unterkunftsverzeichnisse sind bei den regionalen Touristeninformationen oder Verkehrsämtern erhältlich.

## Wichtige Adressen

*In Deutschland*
- Urlaubsinformation Österreich,
82019 Taufkirchen bei München,
Postfach 1231,
Tel. (0 89) 66 67 01 00 (Urlaubsberatung);
Prospektbestellung unter
Tel. (0 89) 66 67 01 51 (Tonband),
Fax (0 89) 6 66 70 20.
- Ungarisches Tourismusamt,
60311 Frankfurt am Main,
Berliner Straße 72,
Tel. (0 69) 9 29 11 90,
Fax (0 69) 92 91 19 18.

*In der Schweiz*
- Österreich Werbung,
8036 Zürich,
Zweierstraße 146,
Tel. (01) 4 51 15 51,
Fax (01) 4 51 11 80.

• Für Auskünfte über Ungarn wenden Sie sich an das ungarische Tourismusamt in Deutschland oder Österreich.

*In Österreich*
• Burgenland Tourismus,
7000 Eisenstadt,
Schloß Esterházy,
Tel. (0 26 82) 6 33 84 16,
Fax (0 26 82) 6 33 84 20.
• Ungarisches Tourismusamt,
1010 Wien,
Parkring 12, 3. Stiege, 6. Stock,
Tel. (02 22) 5 13 91 22,
Fax (02 22) 5 13 12 01.
• Die Adressen von örtlichen Touristeninformationen und Verkehrsämtern finden Sie im Nachspann jeder Tour.

*In Ungarn*
• Tourismusamt Komitat
Győr-Moson-Sopron,
9021 Győr,
Arpád út 32,
Tel. (0 96) 31 77 09,
Fax (0 96) 32 87 50.
• Vorwahl für Ungarn aus dem Ausland: 00 36.

## Kartensymbole

3 Tourennummer
A Anfangspunkt
E Endpunkt
Kirche
Schloß
Einkehrmöglichkeit
Bademöglichkeit
M Museum
spezieller Tierbestand
Ruine
Kloster
Kapelle
P Parkplatz
Aussichtspunkt
Campingplatz
Bahnhof
Gipfel
Aussichtsturm
Kirchenruine
Klosterruine
Jugendherberge
Sehenswürdigkeit

# Ortsregister

*Kursive* Ziffern verweisen auf Abbildungen, geradestehende auf Textstellen.